中学受験の失敗学

志望校全滅には理由《わけ》がある

瀬川松子

光文社新書

目次

第二章　ツカレ親を分析する

序にかえて――情報のかたよりが「ツカレ親」を生む

中学受験をすると、いいことがいっぱい。

親子二人三脚の受験勉強を通し、考える力を養い、社会の問題に目を向ける機会も増えて、結果的に恵まれた学びの環境に入ることができれば、将来の可能性も開けてくる。

ということになっているようです。

「中学受験なんかしたって何にもならないよ」とか、「中学受験をして不幸になった人がいる」というような声は、今のところあまり聞かれず、そのせいもあってか、ここ数年で、首都圏の中学入試は、過熱の一途をたどってきました。

日能研の調べでは、二〇〇五年の首都圏中学受験人口は四万七千人、二〇〇六年は五万三千人、二〇〇七年で五万八千人、二〇〇八年で六万一千人、と増える一方。[1] こうした状況は、まだまだ続くものと思われます。

中学受験の過熱にともない増加を見せているのが、「つかれた親」たちです。中学受験に取りつかれ、暴走の末に疲れ果ててしまう親たち。一応、掛け言葉になっているわけですが、本書では、こうした親たちを「ツカレ親」と名づけ、その問題に迫っていきたいと思います。

ツカレ親は、巷で話題になっているモンスターペアレンツとも、また少し違っています。モンスターペアレンツが、過度に自己中心的な要求で周囲を振り回すのに対し、ツカレ親は、必ずしも他人に迷惑をかける存在ではありません。本文でくわしく触れるように、モンスター系のツカレ親も、決して少なくありませんが、ツカレ親の最大の特徴は、「がんばれば必ず目標に到達できる」という根拠のない信仰、そして「塾や家庭教師にかけた時間」＝「子どもががんばった時間」という勘違いです。

わが子の偏差値が伸び悩みを見せるたび、個別指導や家庭教師のコマ数を増やし、ぎゅうぎゅうのスケジュールで子どもが「消化不良」を起こしてもおかまいなし。模試の結果が下降線をたどり続ける中、「途中であきらめるのは良くないこと」と、不合格確率二百パーセントの学校を受験させ、全てが終った時には、ツカレ親自身が、虚無感、徒労感におそわれることになります。そこには、受験産業のいいカモにされているという被害者的側面も指摘することができるでしょう。

高校受験や大学受験の世界にも、こうしたツカレ親がいないわけではありません。しかし、中学受験現場のツカレ親が問題なのは、とち狂った判断に基づく学習計画や志望校選択で子どもを振り回し、誰にも止められない勢いで、最悪の結果に向けて突き進んでしまうからです。子どもが中学生や高校生であれば、「勝手に一人で決めんな。うぜえ」ということになり、暴走をストップさせることもできるでしょう。ところが、小学生となると、まだ親の判断を信じている部分もあり、親以上の情報力で親を黙らせることも覚えていないため、親の決定は、非常に重要な意味を持っているのです。

それでは、こうしたツカレ親がどれくらいの割合で存在するのかと言えば、一握りの「冷めた親」を除き、大半の中学受験生の親は、ツカレ親の素質を備えていると言えます。この素質は、子どものがんばりやもう一方の親の考え方次第で開花せずに終わることもありますが、悪い条件さえそろえば、あなたも、いつでも、ツカレ親の仲間入り。気づかないうちに、

1　中学受験をめぐる基本的なデータは、日能研進学情報室によって著された『中高一貫校』（ちくま新書、二〇〇八年）を参照のこと。

中学受験に取り憑《つ》かれ、疲れ果てることになるかも知れません。

報じられない惨敗ケース

先ほども書いた通り、現在刊行されている中学受験指南本の類《たぐい》、そして『プレジデントファミリー』『読売ウイークリー』[2]といった雑誌の特集記事には、一般の公立中学に比べ、中高一貫校が良いということを前提にしたものが多く、どこどこの学校が大規模なカリキュラム改革を行ったとか、面倒見がいいわりに入りやすいといった情報であふれています。

一方、塾や家庭教師会社の広告に目を移してみれば、有名中学への合格者数や合格体験談が花をそえています。「偏差値四十台から始めて、難関中学に合格しました」「分かりやすい指導で、あきらめかけていた第一志望に受かりました」などなど、喜びの声はさまざまですが、「おかげさまで」というところを強調するものが多いと言えます。

底辺から浮上して希望通りの学校に入るケースは、実際には一握りの奇跡でしかありませんが、「ここの塾にお願いすればうちの子も……」と思わせる効果が大きいだけに、受験産業は大いにそれを活用しているわけです。

こうしたおめでたい情報があふれる中、「月曜から土曜まで塾と家庭教師づけの生活だったのに、どこも受かりませんでした」「最初から最後まで偏差値四十台で、滑り止めも不合格に終わりました」などという惨敗ケースは、ほとんど紹介されることがありません。それぞれの中学の競争率を考えれば、不合格者は確実に存在しているはずなのに、これはどうしてなのでしょうか？

不合格に関する情報があまり出てこないのは、当たり前と言えば当たり前です。あれやこれやの対策をした末に「落ちた」生徒が出たということは、塾や家庭教師会社にとって、不名誉な情報ですし、子どもが不合格になった家庭にとっても、振り返りたくない過去でしょう。つまり、中学受験をめぐるマイナスの情報は、誰も口にしたがらない現実なのです。

私は、こうした情報のアンバランスが、「ツカレ親」育成に一役買っていると考えています。不合格ケースについてのもう少し詳細な情報があれば、「努力によって受かる」子どものかげに、「努力しても落ちる」子どもがいるという現実の具体的なイメージが持てますし、何より、惨敗結果の原因を考える参考になります。

本文でくわしく述べるように、中学受験の惨敗ケースには、

2　二〇〇八年十二月十四日号をもって休刊。

①何でも習いっぱなしで、復習時間をほとんど取っていなかった
②塾や家庭教師の過密スケジュールのせいで、かえって知識の整理・定着がさまたげられていた
③子どもの偏差値をはるかに上回る学校で、第二志望以下も固めていた

などの傾向が強く、これらのことに気をつけるだけでも、笑えない結果から遠ざかることができるはずです。

しかし、先ほども書いたとおり、マイナスの情報は、なかなか表に出ることがありません。「塾や家庭教師の時間を増やしすぎると逆効果になる」などと言って、収益が減っては大変ですから、親からの授業追加依頼に対し、受験産業の人間が待ったをかけるということも、めったにないことです。

その結果、中高一貫校への幻想と、合格体験談にあるような「奇跡」への期待ばかりがふくらみ、無謀な学習計画や無理な目標設定で、暴走を始めるツカレ親が出てくるのではないでしょうか？

理想論は「インテリ家庭」にしか通用しない

自己紹介が遅れましたが、私は家庭教師です。大学院での研究を進めながらの仕事なので、正確には兼業家庭教師ですが、塾の講師をしていた時期もふくめ、十年近くの間、たくさんの中学受験家庭を見てきました。

ちまたに出回る中学受験合格のためのアドバイスへの疑問。これが、本書の執筆を思い立った一番の動機でした。

中学受験を主題にした単行本や雑誌記事に見られるアドバイスは、どれも「そこそこ知的環境が整った家庭」の「そこそこ頭のいい子」にしか通用しない理想論ばかりです。

たとえば、ＰＨＰ新書から出ている『わが子を有名中学に入れる法』（清水克彦著、二〇〇六年）には、駒場東邦や桜蔭といった難関中学に合格した子どもの親による「親子でニュースや新聞を読み、話し合ってきました」「夫が中心となって、家族で夕食を摂《と》りながら、主な新聞記事やニュースについて話し合うようにしてきました」といった声が紹介されています。こうした「家族みんなで学びながら生きた知識を養い、有名中学に合格」というイメージは、教育関連の記事が多いことで知られる『プレジデントファミリー』にもしばしば登場するもので、確かに、家族と学びの理想形とは言えるかも知れません。

しかし、家族の連携プレイで知識を深め合うことが可能なのは、実際には、一部の「インテリ家庭」のみ。教養や知的好奇心、精神的ゆとりのないその他大勢の親たちにとっては、家族で知的な会話をするということは、それ自体高いハードルでしかないのです。

私自身、学びの環境を整えないのは親の怠慢という考えから、「ご家庭の中で、もう少し知識に触れる雰囲気を作ってあげてください」と、利《き》いた風な口を聞いていた時がありました。ニュースについて家族で話し合ったり、難しい算数の問題を親子で一緒に考えるなど、まさに『プレジデントファミリー』で推奨されるようなやり方をすすめていたものです。

その時決まって返ってきたのが、次のような苛立《いらだ》ちまじりの問いかけでした。

「自分でもよく分からないことを、どうやって子どもに話せばいいんですか？」

こうした親は「インテリ親」よりも多いはずなのに、親に「教えるスキル」と教養があるという前提でのアドバイスが目立つのは、執筆者たちが中学受験現場の状況を知らないからか、知っていて知らないふりをしているからに他なりません。

デキの悪い子向けの情報がない

ちまたに出回るアドバイスが、平均以下の学力の子どもを想定していないのも、気になるところです。

麻布や開成が無理でも海城や巣鴨がある、青学にこだわらず成蹊を、トップ校でなくても環境の良い学校はあります、といったお決まりのアドバイスは、難関校に「あと一歩で入れそうな子」には有効かも知れません。

しかし現実には、巣鴨や成蹊を第一志望に掲げ、それすら不合格確実の学力しか身についていない子どもが、一つの層として存在しています。だれもが「デキる子」や「もう少しでデキる子」というわけではないのです。

志望校全滅の可能性が最も高いこの層へ向けて、学習計画や志望校についてどう考え、どう行動すべきなのか、受験産業とどう関わっていくべきなのかをアドバイスするものがないのは、どうしてでしょうか？

私は、中学受験専門の某有名塾講師が、「バカはものの数に入らない」と言っているのを聞いたことがあります。しかし、受験産業が「バカ」な子どもの家庭からも授業料を取っている以上、この考え方は間違っていないでしょうか？

必要なのは、親が学びのスキルを持っていなくても、子どものデキが非常に悪くても、受験産業に大金を投資しただけで終わらないよう、具体的ビジョンを示すことだと、私は考えています。

惨敗ケースに学ぶ失敗学

中学受験をめぐる情報やアドバイスが以上のようなかたよりを見せる中で、「中学受験に取り憑かれ、疲れ果てた結果、何も残らなかった」という事態を避けるためのヒントは、意外と、どうしようもない惨敗ケースの中にあるのではないでしょうか?

超難関中学に合格した子どもの家庭が実践していた勉強法をまねるのは大変でも、**典型的なツカレ親を反面教師に、いくつかのことをしないようにするのは、それほど難しいことではありません。**

そのためにはまず、ツカレ親について、よく知っておかなければならないでしょう。

本書は、私自身の体験と、何人かの家庭教師仲間から寄せられた声をもとにした「ツカレ親報告書」のようなものです。[3] 志望校全滅の悲劇から裏口入学事情、中学受験産業の銭ゲバ実態まで、現場の生々しさを、この際しっかりと見極めて下さい。

第一章は、「反面教師実例集」とも言うべきいくつかのエピソードで構成されています。

「そんな親本当にいるの？」と思われるような親たちが悲劇や喜劇を演じますが、全て実話をもとにしています。

第二章では、ツカレ親たちの行動や発想に共通する特徴を挙げながら、その問題について考えていきます。第一章でもツカレ親の行動に適宜《てきぎ》ツッコミを入れていきますが、第二章は、より相対的な視点からその問題点をとらえたものです。

第三章には、「対策編」として、泣きをみないためのポイントをまとめました。惨敗を避ける方法を手っ取り早く知りたいと思う方は、第三章から読み始めてもいいかも知れません。

本書は、基本的にどの章から読み始めても分かる内容になっていますが、子どもの中学受験を考えている方、今まさに中学受験生を抱えているという方には、一章から順に読みすすめることをおすすめします。

中学受験と全く縁がないという方には、第一章がおすすめです。ツカレ親たちがくり広げ

3　筆者と筆者周辺の家庭教師仲間は、もっぱら首都圏の中学受験生の指導にあたってきたため、関西圏の詳細な中学受験事情については、把握しきれていない点が多い。しかし、常にマイナスの側面に目を向けなければならないという本書の警告は、首都圏以外の中学受験家庭にも、十分向けられうるものだと考えている。

る誰にも止められない暴走は、酒の肴《さかな》になることうけ合い。とは言え、他の章にも目を通しておけば、いつの日かわが子を中高一貫校に入れたいと思った時、はたまたお子さんがお孫さんの中学受験につかれ始めた時の助けになるかも知れません。

ここで、二つほどお断りしておきたいことがあります。まず、本書はあくまで「長らく成績低迷に苦しんでいる子どもの志望校全滅を防ぐ」という方向性に基づくものです。飛躍的に学力を伸ばし、難関校に合格するためのアドバイスといったものは、一切書いてありませんので、ご注意下さい。また、本書に対して「中学受験の否定的側面ばかりを強調している」という批判があったとしても、本書の意図するところは、まさにそこにあるのです。中学受験というものをめぐって、これまでその肯定的側面ばかりが強調されてきた以上、誰かが残りの半分に光を当てなければならないのではないでしょうか？

第一章　止まらないツカレ親の暴走——驚愕エピソード集

※本章でご紹介するエピソードは、いずれも実話をもとにしたフィクションです。
※学校名の後のカッコ内には、その学校の難易度の目安として、四谷大塚が発表している前年の結果偏差値を示しましたが、あくまで目安ということを忘れないで下さい。
※各エピソードのカッコ内の年月は指導に当たっていた期間、その下の★印は四段階で危険度を示しています。

★（危険度１）他の条件次第ではそれほど問題ないでしょう。
★★（危険度２）このままつき進むと、かなり危険です。
★★★（危険度３）早期に目を覚まさないと悲惨な結果になるのは確実。
★★★★（危険度４）志望校全滅は必至。手がつけられません。

エピソード1
「指定日までに、娘の成績上げといて」——丸投げ&恫喝の恐怖
（東京都杉並区　二〇〇五年七月〜八月　★★）

「二十日までに上げろって言ってるでしょう！」

A奈ちゃんという小五の女の子を教えるようになって一カ月。すでに緊張のほぐれてきたA奈ちゃんに算数を教えていると、リビングからお父さんの怒鳴り声が聞こえてきました。

「二十日が無理なら二十五日までに上げて下さいよ。二週間以上あるんだから、できるでしょう？」

お父さんは電話越しに怒鳴《どな》っているようでしたが、よくあることなのか、A奈ちゃんは気にとめる様子もありません。

仕事上のトラブルか何かだろうと思って待つこと数十分。電話が終わる気配はなく、お父さんはますます大きな声で怒鳴り散らしていました。

この「上げる」「上げない」がA奈ちゃんの勉強のことだと分かったのは、授業が終わってからのことです。

電話を切っても怒りがおさまらないお父さんは、あいかわらず大きな声で次のような話を始めました。

父親「塾ってのはほんとにいい加減な商売ですよね」

私「何かあったんですか?」

父親「塾にね、A奈の算数を今月二十日までに上げてくれって言ったら、出来ないようなこと言うんですよ」

私「上げる??」

父親「夏休み明け最初の模試が九月の頭にあるんですよ。A奈は他の子に比べて算数が遅れてるから、夏期講習の他に個別指導も取ってどうにかしようと思ってね。『個別指導取るから二十日までに偏差値六十出せるぐらいに仕上げてくれ』って言ったら、お盆休みで塾が閉まってるとか、他の生徒の個別指導で講師が足りないとか、言い訳ばっかりするんですよ」

私「……。結局どうなったんですか?」

父親「何とか、今月後半に続けて個別指導をやってもらえることになりましたよ。二十日までに上げるのは難しいみたいだけど」

私「今月後半って、私も続けてうかがうことになってましたよね?」

父親「その時間はちゃんと空けてあるから大丈夫。先生は先生で小六のテキストをやってくれればいいですよ。塾には小五のテキストの内容が分かるようにしろって言っといたから。先生も、模試の前までにはちゃんと上げるようにやって下さいね」

A奈ちゃんが通う中学受験専門塾は、その他の大手塾同様、テキストを一定のペースで終わらせる集団授業のほかに、一人一人の状況に応じた個別授業をもうけていました。A奈ちゃんのお父さんが言う「個別指導」とはこのことなのですが、お父さんの考えをまとめると次のようになります。

小五の終わりになってから塾に入ったA奈ちゃんは、他の生徒が五年生の時に終えているテキストの内容を勉強してこなかった。夏休み前は、集団授業で小六用テキストの内容を、個別授業で小五用テキストの内容を習うようにしていたが、思うように他の子どもたちに追

	午前	午後	夜
月	個別	夏期講習	
火	（家）	夏期講習	
水	個別	夏期講習	
木	個別	夏期講習	
金	個別	夏期講習	
土		個別	（家）
日			

※（家）……家庭教師

図1　A奈ちゃんの過密スケジュール

いつくことができなかった。夏明けの模試までにこの遅れを取り戻すため、個別授業をさらに多く取って小五用テキストを一気に終わらせ、小六用テキストは家庭教師に指導させ、ほかの生徒と同じように夏期講習にも参加すれば鬼に金棒だ。

お父さんが立てた学習計画は断行され、月曜から金曜までの午後から夜にかけて夏期講習、月、水、木、金のお昼前後と土曜の午後に個別指導、火曜の午前と土曜の夜に家庭教師という日々が始まりました（図1参照）。

一見完璧な計画に見えるかも知れませんが、これでは成績が上がるはずありません。

A奈ちゃんのお父さんは、重要なことを三つ見落としています。

まず、小六のテキストの内容は、小五までの学習事項がある程度身についていなければ理解できないということ。次に、一つの単元をマスターするには、類似の問題を繰り返し解くための時間が必要だということ。そして、短い時間で休みなく新しいことを習うと、一つひとつの知識が整理しきれず、混乱するだけということです。

下地ができていない状態でたて続けに傾向の違う問題の解説を受け、一、二問の類題を解いただけで別の単元に移ることを繰り返しても、大した効果が得られないのは、当たり前でしょう。

それから間もなく、A奈ちゃん宅での私の指導は、あっけない終わりを迎えることになります。

A奈ちゃんに小五用テキストの問題を解かせているところを、お父さんに見とがめられたのが原因でした。

父親「小六用テキストを教えてくれって頼みましたよね？　何で小五のテキスト開いてるんですか？」

私「A奈ちゃんはまだ小五の内容を理解できてません。基本に戻らないと小六用テキストも理解できませんから」

父親「そういう言い訳は聞きたくありません。こっちは小六ってことで頼んだんですから。そう言えば、先週も小五のテキスト机の上に出してましたよね？　言わなかったけど、こっちはちゃんと見てるんですよ！」

私「いや、ですから……小五のことが分かっていないと、小六用テキストは分からないんで。基本的に、小六のテキスト中心で指導はしていますよ」

父親「小五のことが分かってないはずないでしょう？　塾の個別指導でやってるんだから」

私「塾で説明を受けた時は分かっていたそうなんですが、まだ自分で問題を解くことができないんです」

父親「そんなはずないでしょう！　何度言ったら分かるんですか？　塾の個別授業は小五用テキスト使ってるんですよ」

私「あの……運動でお手本を見せてもらっても、それだけで自分もできるようにはならないですよね？　勉強もそれと同じで、説明を受けた後で自分で何回かやり直してみないと、分かったことにはならないんです」

父親「塾がこっちの注文通りに仕事してないってことですか?」

私「……」

父親「こっちはお金を払ってるんですよ? どんな状況であっても、頼んだ分は分からせる、注文しといた日までに上げるのがあなたたちの仕事でしょう? うちは、それなりの学校（白百合・62）を目指してるんですから、生半可な気持ちで指導されちゃ困りますよ! うちはね、小六のテキストの内容を上げてもらうためにあなたにお金を払ってるんです。小五のことが分かってないとかなんとか言ってごまかすんだったら、もう、やめていただいて結構ですよ!」

子どもの成績が、ラーメンやチャーハンのように、注文通り「一丁上がり」というわけにはいかないことは、ついに理解してもらえませんでした。

エピソード2
「子どもの暗記にまで責任持つのが塾の仕事でしょ？」
——自習時間ゼロは当たり前？
（埼玉県八潮市　二〇〇四年四月〜二〇〇五年一月　★）

塾や家庭教師の時間を増やしたからと言って、成績が上がるわけではない。当たり前の理屈です。

しかし、エピソード1のお父さんがそうだったように、中学受験生の親には、意外にこれが通じない。勉強するのはあくまで子ども本人だと納得してもらうのに、ものすごい時間と労力を使うことがあります。

「これだけ勉強させているのにどうして成績が上がらないんですか？」

こう言って、塾や家庭教師のところに怒鳴り込んでくる親の多くは、「塾や家庭教師に費《つい》やした時間」＝「子どもが勉強した時間」だと考えています。「勉強すれば成績は上がるはず。それなのに望ましい結果が出て来ないのはお前らのせいだ」という発想で、怒りを爆発させにやって来るわけです。

私が塾で講師をしていた時に出会ったB人君のお母さんも、そんな親の一人でした。

小六になったばかりのB人君が理科の単元テストで二十点台を取ったことに憤慨し、塾に乗り込んできたお母さん。室長が対応に当たろうとしたところ、「理科の担当教師を出せ」とのこと。鼻息の荒いお母さんを空き教室に通し、私が話を聞くことになったのです。

「これ、どういうことなんですか？」

そう言ってB人君のお母さんが取り出したテストの答案には、丸が二つだけ。他はほとんど空欄で、葉緑体や光合成など、基本的な暗記事項も回答できていませんでした。

母親「信用して子どもをまかせたのに、二十点台ってどういうことなんですか？」

私「（答案を示しながら）B人君は、計算して答えを求める問題はいつも得点できてます。これは受験でも強みになると思いますが、暗記が追いついていないんです。ご家庭で復習の時間は取れていますか？」

母親「復習の時間って、宿題のこと？」

私「もちろん、宿題に出すところはその日塾でやったところと重なってますから、宿題をちゃんとやるだけでも十分です。ただ、一度やっただけでは記憶に残らないこともあるので、何回か見直して、覚えきれていないところは、暗記しなおす時間を取っていかないと……」

母親「家で暗記に時間を取るってどういうこと？　塾で暗記までちゃんとさせて下さいよ」

私「私も、お子さんの印象に残るような解説を心がけていますけれど、そのままやりっ放しだとやはり忘れてしまいますから……特に、苦手な単元はお家でも繰り返し復習するようにしていただきたいんです」

母親「塾の他に復習時間を取らなきゃならないなんて、塾に入る時の説明で室長から聞いてないわよ。なんでそういう重要なことを今になって言うの？」

この手のクレームは、決してめずらしいものではありません。塾に入ったこと、家庭教師がついたことで安心してしまうのか、受け身な姿勢でしか勉強に臨まない親子は、驚くほど多いのです。

それから二週間ほど経《た》った頃、B人君を塾まで送ってきたお母さんが妙なハイテンションで話しかけてきました。

母親「この間は、話させてもらって良かったわよ。今まで誰も、暗記や復習の時間が必要だってこと教えてくれなかったんだから。B人も暗記始めたみたいよ」

私「……。良かったですね」

この時まで、B人君とお母さんは、塾に行っていれば暗記も復習もしなくていいと本気で思っていたようです。

言われたことは素直にやる性格なのか、B人君の成績は、その後少しずつ上昇を見せ始めました。国語や算数はもともとできる方でしたから、第二志望の明大付属明治（57）に合格。

一応、ハッピーエンドです。

エピソード3

「どうにかして合格に変えてもらえないんですか？」
――裏口入学志願者ここにあり

（東京都杉並区　二〇〇七年十一月〜二〇〇八年一月　★★★★）

子どもを媒介につながる親同士のつきあいに、ねたみやひがみはつきものです。

小学校受験の世界では、「お受験殺人」[1]なる事件も起こったくらいですが、中学受験の世界でそこまで物騒な事件はないにしても、見栄《みえ》や嫉妬《しっと》から暴走する親はちらほら。C子ちゃんのお母さんは、その典型でした。

C子ちゃんとD香ちゃんは同じ小学校の同級生。一緒にブラスバンド部に入っており、家族ぐるみの付き合いのある仲良しです。

私がD香ちゃんの指導を始めて二カ月が経った頃、家庭教師会社に一本の電話が入りました。家庭教師をつけたいと思っているが、D香ちゃんと同じ先生を派遣できるかという内容です。

友達の影響で塾や家庭教師を始めるのは普通ですし、派遣されてくる家庭教師の当たり外れを恐れ、「友達と同じ先生を」という家庭もないわけではありません。D香ちゃんの知り合いなら安心、と安うけ合いしたのが、全ての始まりでした。

小六の九月の模試で偏差値三十台というのも困りものでしたが、それ以上に気になったのが、C子ちゃんのお母さんが、何かにつけて見せるD香ちゃんの家庭へのこだわりです。

「D香ちゃんの授業はどこらへんまで進んでるの？」

「D香ちゃんって、どれくらいのレベルの学校狙ってるのかしら？」

「D香ちゃんって、何も習い事してないんですって」

「D香ちゃんのお家はサラリーマンだから、うちみたいに何人も家庭教師の先生をお願いするっていうのは出来なかったんでしょうね」

C子ちゃんのお母さんが、D香ちゃんの家に対抗意識を燃やしていることは明らかでした。

1　光文社の所在地でもある文京区音羽で、一九九九年に起こった事件。発生当時、主たる動機は子どもの「お受験」をめぐる嫉妬であったとの報道がなされ、「階級闘争」的な描写が目立った。

C子ちゃんのお母さんの対抗意識はその後エスカレートし、しまいには、D香ちゃんと同じ学校しか受けさせないと言い出す始末です。

平均偏差値が五十台頭のD香ちゃんの本命は東京女学館（53）で、第二志望が明治学院（50）。一方のC子ちゃんは、調子の良い時で偏差値四十台頭。三十台をはじき出すのは日常茶飯事でしたから、女学館など、到底狙えるはずがありません。

滑り止めとして偏差値四十台前半のP中学を受けるよう、営業担当[2]のE波が説得し、決戦の二月を迎えました。

C子ちゃんのお母さんの本当の暴走が始まるのは、この後のことです。

二月四日にかかってきたC子ちゃんのお母さんの電話は、今でも忘れることができません。

母親「（無言状態が続いた後）不合格でした」

私「P中学ですか？」

母親「（涙声で）そうよ。P中なら狙えるって言ったから受けたんじゃない？　あれだけ一生懸命やってたのに、D香ちゃんは女学館も明治学院も受かって、うちはどこも決まらないなんて、こんな不公平なことってあるんですか？　Pなら狙えるって言ってましたよね？　これって詐欺じゃないんですか？」

私「……」

母親「うちは、D香ちゃんのお家の何倍も、おたくの家庭教師会社にお金払ってるんですよ。そっちでどうにかして合格に変えてもらえないんですか？」

C子ちゃんのお母さんからの連絡は、それからふっつり途絶《とだ》えたのですが、このエピソードには、驚愕の結末が待っていました。

なんと、C子ちゃんはP中学合格を果たしたのです。

私がそのことを知ったのは、家庭教師会社の事務アルバイト・F子との会話の中でした。

私「C子ちゃんの家、結局どうしたか知ってる？　その後連絡あった？」

2　家庭と家庭教師の関係が円滑にすすむためのサポートをする家庭教師会社の社員。顧客開拓や契約成立後の営業活動も主な仕事の一つ。営業担当者の人がら次第で、不必要なお金を巻き上げられるかどうかが決まる。

F子「ああ……お母さんが直接怒鳴り込んできて大変だったんですよ。先生のところにもかかってきませんでした？　金返せとか詐欺だとか」

私「来た来た。でも、二月五日以降音沙汰《おとさた》なしよ。かけても出ないし」

F子「あれ？　じゃあ知らないんですか？」

私「何を？」

F子「うーん……あの後、E波とお母さんでP中学まで行って頭下げて、何とか入れることになったみたいですよ」

そう、これはまぎれもない裏口入学です。

一般にはほとんど知られていませんが、中堅よりさらに下の学校には、特定の家庭教師会社や営業担当者との間に「裏口」のパイプを持っている学校が存在しているのです。

「業者ルート」の存在

ここでしばらく、こうした裏口入学のからくりをご説明しましょう。

中堅以下の中高一貫校の中には、中学受験が過熱する以前、深刻な人気低迷に悩んでいたところが少なくありません。校舎の大規模改築や制服のリニューアル、特進クラスの設置などにより、今でこそそれなりの倍率を記録していますが、かつては定員割れギリギリだったところもあるくらいです。

その頃、家庭教師会社の営業担当者は、「どうしても公立には入れたくない」という家庭の子どもが志望校全滅となり、C子ちゃんのお母さんのようなクレームが出てしまった際、「それでしたら、あまり偏差値は高くありませんが、よい学校をご紹介できます」という奥の手を持っていました。この時営業担当者の拠《よ》り所となっていたのが、定員割れギリギリでもそれなりの歴史を持つ学校で、「お願い」に行きさえすれば、入試がすでに終了していても、こころよく迎え入れてもらえる場合がほとんどでした。

何とか生徒を確保したい学校と、「信用」を保ちたい家庭教師会社、そして是が非でも子どもを中高一貫校に進学させたいという三者の利害の一致で、万事解決というわけです。

この時点で営業担当者が「お願い」に行くような学校は、倍率が一倍前後で、受験すれば誰でも受かるような状況でしたから、「お願い」は別に、不正であったり不公平なことではありませんでした。新幹線の席を予約し忘れたため、たまたま空いていた自由席に座ったようなものでしょう。

しかし、この「業者ルート」は、こうした中学が人気を回復してからも、保たれているようです。私が登録していたある家庭教師会社の営業担当者たちは、毎年秋になると、菓子折りを持って、つながりの深い中学への挨拶回りに出かけていました。「おたくの経営が大変な時、生徒を紹介してあげたじゃないですか。今年も一つ、うちの生徒をよろしくお願いしますよ」というわけです。

こうした裏口入学の交渉過程で、金銭の授受が行われているのか、どれくらいの生徒がこうした形で入学しているのか、私には分かりません。しかし、私が知っているだけで、同様の方法で裏口入学を果たしたケースは三件あり、また、この業界で働く知人にも、この手の裏口の存在を知っている人がいましたから、C子ちゃんだけが特異な例外ではないということになります。

裏口入学批判は別の機会に回しますが、一部の伝統校[3]の場合を除き、子どもも親も、受験は実力勝負の世界と信じています。特定企業との癒着のために、こうした「特別措置」を続けている学校は、その行為が持つ意味を真剣に考えてほしいものです。

さて、年度が変わってしばらく経った五月の終わり、C子ちゃんのお母さんから連絡がありました。

C子ちゃんが中間試験で学年最下位に近い成績を取ったため、数学を指導してくれと言うのが用件です。C子ちゃんの数学の成績が悪いのは、中学受験時に算数を教えていた私の責任でもあるのだから、どうにかするのが筋だろうとのこと。

もちろん、丁重にお断りしました。

3　財界に多くの優秀な人材を輩出していることで知られる某有名私立大学付属中学の受験では、親族に卒業生が多いほど有利と言われる。「純粋培養」の子どもを確保することで、一つの文化を守っていると言えなくもない。

エピソード4

「うちには、プライドもあるしね」――子どもの偏差値より高い学校が「滑り止め」？

（東京都大田区　二〇〇六年七月～二〇〇七年一月　★★★）

初志貫徹という言葉があります。

あきらめないで最初の志を貫くべしというわけですが、序章でも触れたように、中学受験で悲劇的結末を迎える家庭には、当初の志望校にこだわり過ぎて、空回りしているケースが少なくありません。

目標を下げるとそれに見合った学力しかつかないという考えは一理あると思いますが、どうあがいても、無理なものは無理。ある時期までに子どもの学力が伸びなかった場合、適切な志望校を選び直す判断力があるかどうかということも含めて、中学受験と言えるのではないでしょうか？

しかし、こうした理屈がなかなか通じないのも中学受験の世界です。

志望校の再検討をすすめた家庭教師や塾の講師が、親を怒らせてしまうのはよくあることで、特に、第一志望から第三志望までがっちり決めてしまっているタイプの親は、説得が難しいと言えます。

G子ちゃんのお母さんは、その典型でした。

私がG子ちゃんを教えるようになったのは、G子ちゃん小六の七月。担当者から渡された「生徒情報」には「第一志望　フェリス（64）、第二志望　洗足学園（58）、第三志望　東洋英和（63）」と、決して簡単ではない学校の名前が並んでいました[4]（図2参照）。

指導開始の時点で四十台半ばだったG子ちゃんの偏差値は、算数の成績アップでなんとか五十台にこぎつけたものの、苦手な国語に足を取られて小六の十一月で五十三。洗足や東洋英和が滑り止めにならないことは明らかでした。

そろそろ滑り止めをどこにするか具体的な話をしなきゃな、そう思っていたクリスマス前のある日、G子ちゃんのお母さんが苛立ちを隠せない様子で塾の話を始めました。何でも、塾の三者面談で「失礼なこと」を言われたというのです。

4　通常、志望校は偏差値の高い順になるが、ここでは、あくまで家庭が志望していた順になっている。

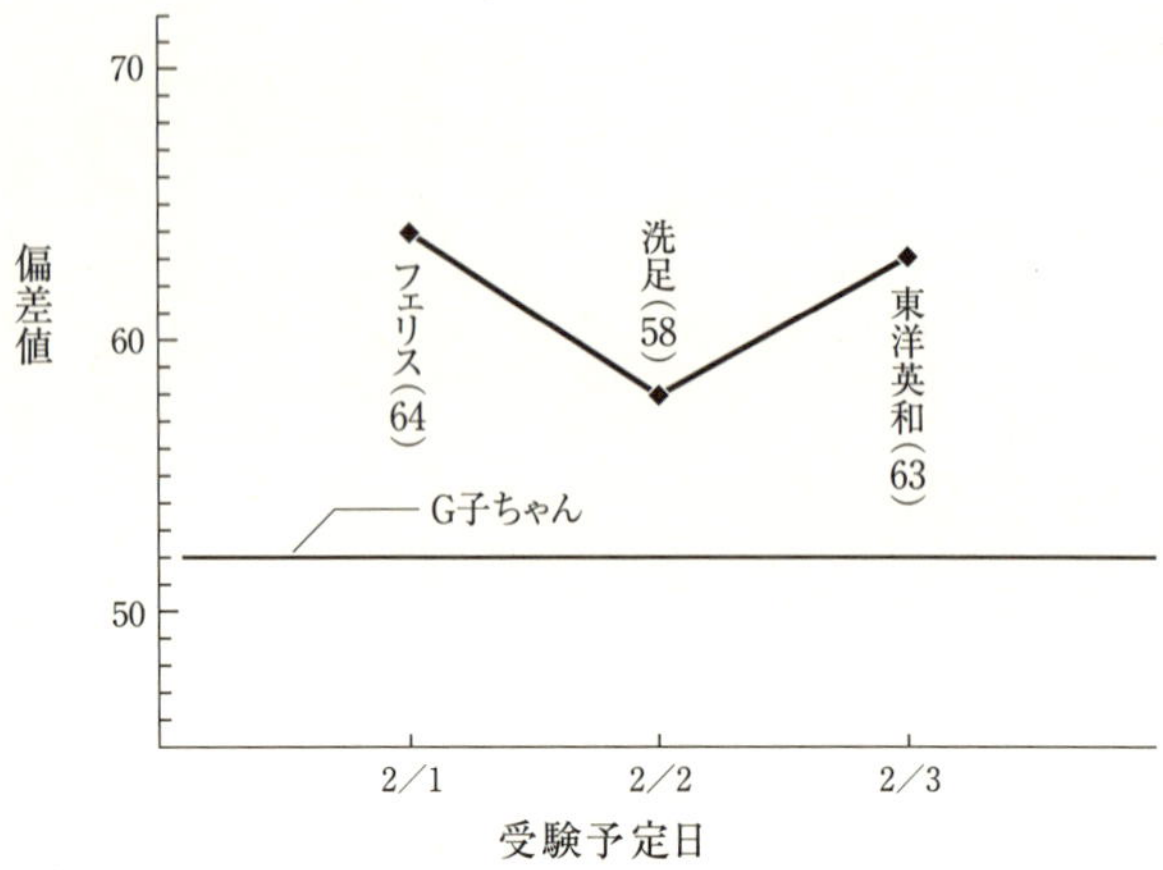

図2　G子ちゃんの無謀受験日程

母親　「聞いて下さいよ、滑り止めに偏差値四十台の学校をすすめてきたんですよ」

私　「どこの学校ですか？」

母親　「Q中学ってとこです。うちはフェリスを本命にしてるんだから、それなりのところを言ってもらわないと困りますよね」

私　「今のところ、どこらへんを滑り止めに考えてらっしゃるんですか？」

母親　「洗足や東洋英和が無理なら、渋渋（渋谷教育学園渋谷中学の略称・62）かしらね」

私　「あの、渋渋の方が洗足より難しいと思いますけど」

母親「そう？　それなら、やっぱり洗足しかないわね。とにかく、六年間も通うんだから、変な学校は受けさせられないわよ」

私「そうですか……滑り止めなんで、もうちょっと確実なところで校風が良さそうなところを受けてみませんか？　洗足と東洋英和だと、どちらも偏差値六十前後ですから」

母親「分かってるけど……滑り止めでも、ある程度の学校じゃないと。うちは、ずっとフェリス目指してやってきたっていうプライドもあるしね」

G子ちゃんは、小四の頃からフェリスを目指してがんばってきたため、中堅以下の学校を受けることに抵抗があるというのは分かります。しかし、実力を無視して選んだ受験校全部から不合格通知が届いた後で「公立はいやだ」と言い出してみても、後の祭り。

滑り止めまでが「チャレンジ校」になってしまっていては、滑り止めの意味がありません。

エピソード5

「旧帝大に入ってる学校じゃないと意味ないのよ」——格差恐怖症の母親

（東京都江戸川区　二〇〇五年十二月〜二〇〇六年一月　★★★★）

エリート志向の教育ママは、以前から受験現場に生息していました。しかし、「出世してほしい」「えらくなってほしい」というより、「フリーターやニートになられては困る」という危機感から、消極的なエリート志向に走る教育ママが多いのは、最近の新しい傾向ではないでしょうか？　この危機感が、「格差」報道の影響を受けたものであることは、間違いありません。

所得格差、教育格差、地域格差など、さまざまな格差が取り沙汰されていますが、中学受験生の親たちからは、どうにかして「勝ち組」に食い込みたいというピリピリとした思いが伝わってくることがあります。

H磨君のお母さんは、まさに、こうした格差への恐怖から、過剰なエリート志向に陥ってしまったツカレ親の一人でした。いつも『プレジデントファミリー』や『読売ウィークリー』の子育て関連記事をチェックしていて、教育や格差に関する新書が出れば、必ず購入。専門家の講演にも足を運ぶようなH磨君のお母さんから家庭教師の依頼があったのは、師走の終わり、世間が年越しモードに包まれる頃のことです。

平均偏差値四十台前半で、志望校は、渋幕（渋谷教育学園幕張中学の略称・66）、海城（61）、渋渋（58）[5]と、準進学校として有名な学校がお好みでした。

「年収格差や学歴格差が広がると、なかなか結婚できない階層が出てくるんですって」

「中堅より下の大学って就職率を水増ししてるんですって。実際はほとんどフリーターなんじゃないかしらね？」

合格を確信しているのか、お母さんは、H磨君の学習状況や成績にはあまり関心を示さず、口を開けば格差や学歴の話ばかり。ところが、肝心のH磨君は、簡単な比の文章題も解けない、指示語の示す内容を聞かれればとんちんかんな箇所を抜き出してくる、BTB溶液がど

5　共学校の場合、一般的に、女子の偏差値より男子の偏差値の方が低い。エピソード4で示した渋渋の偏差値と異なっているのは、そのためである。

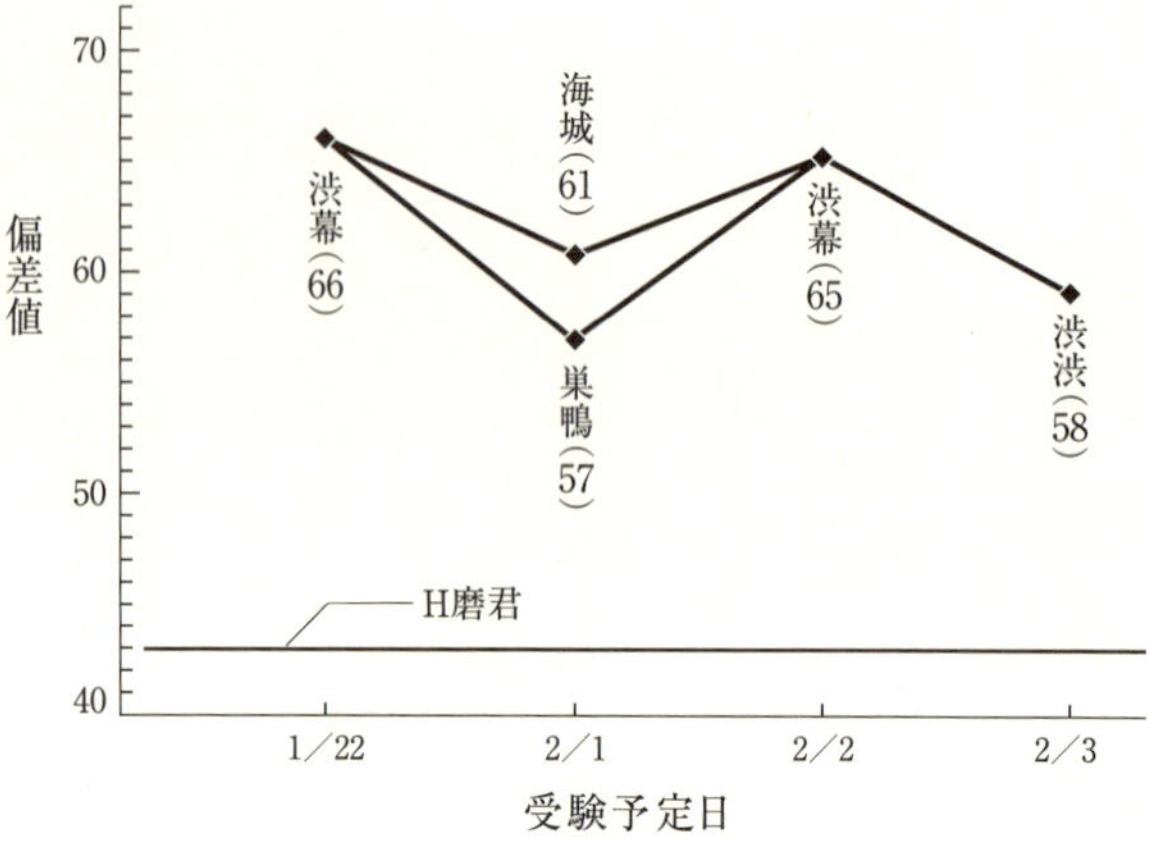

図3　H磨君の超無謀受験日程

のように変化するかも知らない、大化の改新と摂関政治の前後関係が分からない、と四教科そろってほとんど何も身についていない状態でした。

一月中頃、渋幕、渋渋、妥協して巣鴨(57)以外受けない(図3参照)と言うお母さんとの間で、またしても困難なやりとりが始まりました。

私　「四日目あたり、もう一校ぐらい受けてみませんか?」
母親「どこかおすすめの学校があるの?」
私　「たとえば……R中学とか」
母親「(受験情報誌を調べながら)そこって塾の先生にもすすめられたけど、国立に毎年二、三人しか入ってないわよね。それに、国立に入っているって言っても、横浜国立大学って旧帝大[6]じゃないわよね？」

私　「……でも、落ち着いた校風で歴史もある学校ですし、私が前に教えてた子も、R中学に入って、すごく充実してるみたいですよ」

母親　「（また受験情報誌を調べながら）でもねえ、早慶に何人か入ってるだけなのよねえ。国立って言っても、横国と千葉大じゃねえ……同じ国立でも、旧帝大とそうじゃない大学とで、就職の時の扱いも全然違うって言うじゃない？　ある程度、旧帝大に入ってる学校じゃないと、入れても意味ないのよ」

それから間もなく、H磨君のお母さんから泣いて電話がかかってきました。塾の先生から再度R中学をすすめられ、「渋幕をねらうには基礎学力が完成できていない」と言われた。あんな塾はもうやめたい。塾のかわりにもう一人家庭教師をつけたいので手配してほしい、

6　戦前まで「帝国大学」という総称で呼ばれていた北海道・東北・東京・名古屋・京都・大阪・九州の七大学のこと。戦後になって誕生した国立大学（いわゆる駅弁大学）と区別する際、いまだにこの呼称が使われることがある。

とのこと。
数日後、答えの出ないままH磨君の指導に行くと、お母さんは教育学者だか何かの講演会のため不在。めったに顔を出さないお父さんが、お茶を運んできてくれました。

父親「先日は家内がお騒がせしたみたいで、ほんとにすみません」

私「ああいえ、色々と焦《あせ》りを感じられる時期だと思うんで」

父親「私もH磨も、渋幕合格が百パーセント無理だってことはよく分かってますから。最悪、公立でも別にかまわないと思ってます。僕も高校までずっと公立でしたし。先生にはご迷惑おかけしますが、あと少し、どうか我慢してください」

私「あ、いや……(H磨君本人の前での突然の展開に戸惑う)。あの、もう一人家庭教師をつけるという話は聞いていらっしゃいますか?」

父親「ああ、そうみたいですね」

私「それはもう決定で……?」

父親「家内は、何でも思った通りにやってみないと気がすまない性格なんで、もうやりたいようにやらせることにしてまして……。これだけやって失敗すれば、もう同じことは繰り返さないでしょうから」

H磨「最初っから無理だって気づけよなあ？　金の無駄だっつーの」

H磨君の呆れ顔が、この家庭の全てを物語っているようでした。

三週間後の受験結果は、志望校全滅。お父さんからの結果報告の電話の向こうでは、お母さんが半狂乱になっていました。

このエピソードは、これで終わりません。二月下旬、お母さんから電話があったのです。

母親「慶応の付属高校から慶応医学部に入るのってどれぐらい大変かしら？」

私「え？」

母親「次は失敗しないように、中学に入る前から対策を始めようと思ってるの。こういうことって、色んな受験生を見てきてる人に聞いた方がよく分かるでしょ？」

私「……。楽じゃないと思いますよ。付属と言っても、医学部の推薦[7]を取るには、高校三年間トップクラスの成績を維持しなきゃなりませんから」

母親「そうすると、高校で慶応を受験させるより、他の進学校に入って、普通に慶応医学部を受験した方が得策かしら?」

私「それは分かりませんが……どちらにしても、医学部に入るにはそれなりの苦労がついてまわりますから……今はとりあえず、受験も終わったばかりですし、ご家族でゆっくりされた方がいいような気もするんですけど」

母親「それじゃ駄目なのよ。今回の受験は、始めたのが小五で少し遅かったから、次は失敗しないように、早め早めで行かないと。今から塾に通わせるのと、家庭教師の先生をつけるのとどっちがいいのかしら?」

ただただ、お父さんのご苦労がしのばれました。

7　二〇〇八年の慶応の付属高校から同大医学部への推薦枠は、塾高で二十一名（卒業生数一三九八名に対し）、志木高で六名（二四六名）、湘南藤沢高で六名（二三二名）、女子高で四名（一九〇名）。ちなみに、一般的な理解を超えた慶応付属中高の内部事情を描いた小説として、東電OL殺人事件に取材した桐野夏生の『グロテスク　上下』（文春文庫、二〇〇六年）は秀逸である。

エピソード6
「かなわない夢はない」――努力信仰の父親
（東京都杉並区　二〇〇七年十一月～二〇〇八年一月　★★）

ここまでご紹介してきたような悲劇（喜劇）を演じてしまうツカレ親によく見られるのが、奇跡や敗者復活といったものに対する過剰な信仰です。

「努力次第で、必ず目標は勝ち取れる」

「どんなに遠い夢でも、必死で努力すれば叶わないはずがない」

こうした言葉は、小六の夏明けぐらいまでなら、子どもにやる気を起こさせる励ましとして有効でしょう。しかし、受験本番まであとわずかという時期になって、本気でそう信じているとなると、さすがに問題です。

I実ちゃんのお父さんは、非常に熱心な努力信者。「夢を見せてやりたい」が口ぐせで、小六の年末を迎えても、自分が夢を見続けていました。

父親「がんばらないと入れない学校ってことはよく分かってるんですよ。でも、夢を見せてやりたいから、志望校は下げたくないんです。それに、まだ二カ月はあるわけだしね」

私「そうですか……。滑り止めとしては、だいたいどこらへんをお考えですか？」

父親「まだそこまでは決めてないんですよ。滑り止めの話なんかして、I実のやる気がなくなっても困るじゃないですか？」

授業終了後のこうしたやりとりのそばでいつもテレビを見ているI実ちゃんの平均偏差値は四十二。国語は常に三十台にしかつけないという低迷ぶりなのに、第一志望に吉祥女子(60)、第二志望は鴎友学園(63)と、お決まりの強気パターンでした。

お父さんの影響か、I実ちゃんのノートやテキストには「吉祥合格☆」「自分に負けるな！」などの言葉が書かれており、『オール1の落ちこぼれ、教師になる[8]』が愛読書とのこと。そのわりにはテレビを見ている時間が長く、これまた敗者復活色の強いドラマ「受験の神様[9]」のビデオを見るために勉強を中断していたのには、さすがの私も怒りました。

あいかわらず危機感のないお父さんとの間で次のようなやりとりがあったのは、受験本番までのカウントダウンが始まった一月上旬のことです。

父親「先生は、小学校の時ずっと成績良かったんですか?」

私「どうでしょう……細かく覚えてませんけど、算数はけっこう得意でしたね。理科は実験が好きだったんで、その手の問題には強かったです」

父親「ふーん……でも、算数と理科が得意ってことは、国語や社会はそこまで出来たわけじゃないんでしょ?」

私「そうですねえ……」

父親「ってことは、国語や社会で変な点取ったことあるってことですよね?」

8　宮本延春『オール1の落ちこぼれ、教師になる』角川書店、二〇〇六年。「漢字は自分の名前しか書けなかった」ほどの落ちこぼれだった著者が一念発起して大学受験し、教師になるまでの道のりを描いた自伝。

9　TOKIOの山口演じる熱血お父さんと鳴海璃子演じる性格の悪い現役中学生家庭教師のバックアップで、落ちこぼれ少年が志望校に合格する中学受験ドラマ。二〇〇七年七月から九月にかけて日本テレビ系列で放映された。現役中学生家庭教師という設定自体、非現実的な気がする。

私「確かに、国語の物語文の読解なんかは苦手でしたね」

父親「(ほらやっぱりという顔で) I実! 聞いてただろ? 先生も悪い成績取ったことあるんだよ! だからお前も努力すれば大丈夫だよ」

I実ちゃんの前でのこうしたやりとりの後、私は、お父さんから次のようなお説教を受けることになりました。

父親「先生、困りますよ」

私「何がですか?」

父親「さっき先生の失敗談を聞いたでしょ? 子どもに夢を持たせるためにああいう話してるんだから、そこんとこ分かってもらわないと」

私「え……?」

父親「悪い成績取ってても最後でうまくいった人の話聞けば、子どもだってあきらめないで努力する気になるでしょ? そのためにああいう話題をふったんだから、もうちょっと話合わせてくれないと。今度、I実に先生から自分の失敗談をしてやって下さいよ」

敗者復活系の話を聞きたがる親は、意外に多いものです。今では他人に勉強を教えている人間が「実は私も勉強が得意だったわけではなく……」というのをわが子に重ね、「成績が悪くても大丈夫なんだ」という安心感を得たいのでしょう。しかし、敗者復活の物語をいくつ聞いたところで、残されている時間の短さや伸び悩む成績が変わるわけではありません。一時的な安心感に酔いしれているうち、不合格街道まっしぐら。

「大丈夫じゃない」現実に目を向けないうちは、いつまで経っても大丈夫にはならないのです。

エピソード7
「大変なのはみんな同じ」——過労の子どもの頭は飽和状態
（東京都新宿区　二〇〇七年十一月〜二〇〇八年一月　★★★★）

問題　江戸時代に鎖国が行われた際も、日本と国交のあったヨーロッパの国はどこか。
——アメリカ。

問題　十五グラムの食塩を溶かした二十パーセントの食塩水がある。食塩水の重さをもとめなさい。
——三グラム（十五×〇・二）。

これらの答えは、もちろん間違っています。一問目の正解はオランダ、二問目の正解は、十五を〇・二で割って七十五グラムです。

J宏君がこうした間違いをするのは、これが初めてではありませんでした。十一月の指導開始から約二カ月。J宏君は、前週の指導終了時にはすらすら解けるようになっていた問題で引っかかる、何度も念を押してノートに太字で書かせたはずの事がらを忘れてしまうといった一進一退を繰り返してきたのです。算数の比と割合に関する問題などは入り口のところでつまずいており、小康状態が続いたかと思うと、数週間後には、食塩よりも小さな数字で食塩水の重さを答える始末でした。

Ｊ宏君の偏差値は良い時で五十台前半、悪いときは三十台と幅がありましたが、苦手な算数は常に四十台以下。第一志望の桐朋（61）はとても狙えそうにありません。

Ｊ宏君の成績が伸び悩む原因は、はっきりしていました。Ｊ宏君は、私が家庭教師として指導にあたっている時間以外で、問題のやり直しということを一切せず、定着のために出した宿題も、いつも全く手をつけていなかったのです。

私　「この問題、先週やった時はちゃんとできてたよね？　おぼえてる？」

Ｊ宏　「おぼえてるけど、解き方は忘れた」

私　「同じ問題、宿題に出しといたけど、やってみた？」

Ｊ宏　「いそがしくて、やる時間なかった」

こんなやりとりは日常茶飯事でしたが、「いそがしかった」を言い訳にするJ宏君を一喝することもできないほど、実際、J宏君は超過密スケジュールに追われていました。火、木、土は、家から電車で三十分かかるターミナル駅[10]の大手塾に通い、水、金は近所の個別指導塾でひたすら桐朋の過去問対策。塾が入っていない月曜には、算数と社会を担当する私の授業の後に、さらに理科の家庭教師が来ており、学校が早く終わる水曜は、個別指導塾に行くまでの間、理科の家庭教師。さらに、土曜日の塾の授業の前後にも、家庭教師が入っており、唯一余裕のありそうな日曜日は、「受験校には自分で足を運ぶ」というお母さんの方針によって、しょっちゅう学校説明会が入っていました（図4）。

それぞれの塾と家庭教師の課題に追われ、連日の就寝時間は一時近く。時々熱を出したり、嘔吐《おうと》の症状が出ているのを見ると、さすがに過労かストレスだろうとかわいそうになります。

しかし、塾をふくむトータルのスケジュールには口出しできないのが家庭教師です。指導に当たっている週一回二時間の中で、何とか底上げする以外ないだろうと思っていたところ、お母さんから新たな提案が持ちかけられました。

母親「先生、国語も見ることできます？」

私　「教えたことはありますけど……」

母親「それじゃあ、お願いしちゃおうかしら？　ちょっと考えたんだけど、国語も家庭教師をつけた方がいいと思って」

私　「……。今、個別指導の塾にも行かれてるんですよね？」

母親「あそこの塾には、過去問対策にしぼって指導してもらうことにしてるから。過去問じゃなくて、国語の問題を解くコツを教えてくれる人に来てもらいたいのよね」

私　「でも、もうスケジュールいっぱいいっぱいじゃありませんか？」

母親「日曜日が空いてるから、まだ大丈夫」

私　「今までどおりのスケジュールのまま家庭教師もつけるとなると、さすがに無理がありますよ」

母親「先生、国語の家庭教師をつけることに反対なんですか？」

10　一部の中学受験生の親の間には、同じ塾でも、ターミナル駅にある教室の方が優秀な講師をそろえているという信仰がある。そのため、住んでいる駅の目の前に教室があるにもかかわらず、電車を乗り継いで都心の教室に通う子どももちらほら。また、最難関校受験の対策クラスをターミナル校にしかもうけていない塾もある。

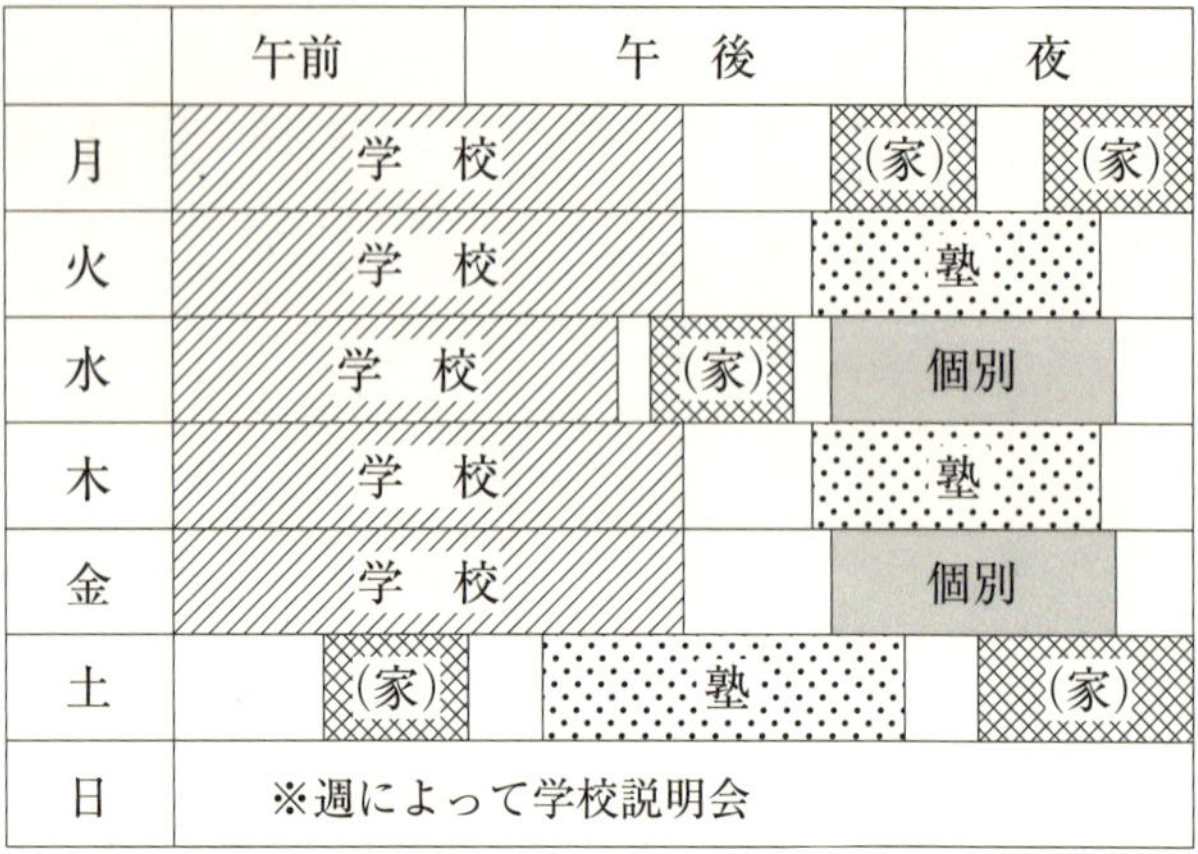

	午前	午後	夜
月	学 校		（家） （家）
火	学 校	塾	
水	学 校	（家）	個別
木	学 校	塾	
金	学 校	個別	
土	（家）	塾	（家）
日	※週によって学校説明会		

※(家)……家庭教師

図4　J宏君の超過密スケジュール

私　「国語の家庭教師に反対というより、どんどん塾や家庭教師を増やしても逆効果なんじゃないかと思うんです。現状でも、塾や家庭教師に習ったことを消化しきれてませんし……。J宏君も、時間が足りないことが一番のネックになってるようですから」

母親「あの子はね、結局、甘ったれてるだけなのよ。難関校ねらってる子は、みんなこれくらいやってるでしょ？　大変なのはみんな同じよ。時間が足りないんなら、もう一時間早く起きればいいじゃない？　寝る時間を遅くすればいいじゃない？　ちがう？」

私　「いや、でも、気になるのは最近よく熱を出されることなんですけど。疲れがたまってるんじゃありませんか？」

母親「それだって、自己管理ができてないからでしょ？　自己管理できてないっていうのは自分を甘やかしてるってことじゃないの？　いいわ、会社に電話して、もう一人先生を探してもらうから」

自分の無力さを感じる時は、こういう時です。

すでについて行けなくなっている塾の授業コマを減らしてみてはどうかと言い出すこともできず、国語の家庭教師をつける計画は断行されてしまいました。

結局、受験産業への莫大な投資に反比例して、合格したのは偏差値四十台の滑り止めのみ。予想通りの結果でしたが、指導が終了した時、とてつもない徒労感に襲われました。

中には、塾の授業を増やしたり、新しく家庭教師をつけることで成績が上がる子どももいます。しかし、J宏君の場合は、過剰な受験産業への依存がかえって成績の低迷をまねいたケースと言わざるをえません。

恐ろしいのは、こうしたケースが、一握りの例外ではないことでしょう。

エピソード8

合格のためには、盗聴も辞さず——中学受験マニアの父親

(東京都世田谷区　二〇〇六年五月〜二〇〇七年一月　判定不能)


「これが、ここ半年のK良の成績動向です」

初めて通されたK良君宅のリビングで、押しの強い姜尚中[11]といった風貌のお父さんは、折れ線グラフがいくつも並んだ資料を取り出しました。四谷大塚、日能研、首都圏模試センターが主催する「三大模試」での四教科平均偏差値の推移、それぞれの会社の模試での教科別偏差値の変動、模試が行われた日の天候と偏差値の相関関係など、様々な切り口でK良君の成績をとらえたグラフの数々。細かく色分けされたグラフは、パソコンスキルの高さから見ても、なかなかの力作でした。

さらに驚かされたのは、各高校の有名大進学率を示す円グラフが、子ども部屋の壁に貼られていたことです。麻布、開成、海城など、偏差値六十台後半から七十台の高校の東大、京

大、早慶上智への進学率が、これまたきれいに色分けされ、一目で分かるよう、大きくプリントアウトされていました。

そんなK良君のお父さんは、慶応大学経済学部出身の証券マン。進学校の有名大進学率にこだわりながらも、第一志望は慶応中等部（65）、第二志望は慶應湘南藤沢（64）と、自身の母校である慶応に対し、並々ならぬこだわりがあったようです。

肝心のK良君は、算数と理社の三教科では、平均して六十台前半の優秀な成績をキープしていたものの、四教科平均になると、「大嫌い」な国語に足を引っ張られ、五十台まで落ち込むこともしばしば。お父さんも、国語の成績低迷に頭を抱えており、家庭教師を交代させたり、埼玉県にある国語専門塾に通わせてみたりと、試行錯誤を繰り返していました。

夏休みが終わりをむかえる九月初旬、私は、お父さんから、次のような相談を持ちかけられました。

11　カンサンジュン。クールな外見で女性に人気の東大教授。『悩む力』（集英社新書、二〇〇八年）などの著書で知られる。

父親「国語担当のL沢先生を、別の先生に変えていただきたいと思っているんですが」

私「あれ、この前変わったばっかりじゃなかったですか？」

父親「いえ、もう二カ月近くになります。L沢先生になってから、文章読解の基礎力そのものが落ちてきているようなので」

私「でも、このあいだの模試では、国語の偏差値アップしてましたよね？」

父親「確かに、偏差値の数字は上がりましたね。でも、答案を見てみると、漢字や語句の問題で得点できているだけで、読解問題の正答率は、むしろ下がる傾向にあるんです。これを見て下さい」

（ここで、模試での読解問題正答率の推移をグラフ化したものを示される）

父親「L沢先生は、漢字や語句の宿題ばかり出すわりに、読解の指導をきちんとしていないようなんです」

私「……。たぶん、苦手意識の強い科目なだけに、まずは確実な得点源を作って自信をつけていこう、ということなんじゃないかと……」

父親「いえ、実際問題として、L沢先生が読解問題の指導をきちんとしていないということがあるんですよ。実は、前の国語の先生も、指導時間中の雑談が多過ぎるということで辞めていただいたので、今回は念のため、指導中の会話を録音しておいたんです。そうしたら案の定、毎回、問題の解説中に、必要のない話をしていることが分かりました」

この章でご紹介するエピソードは、一応「フィクション」ということになっていますが、子ども部屋の「盗聴」をしていたお父さんがいたのは、本当にあった話です。

その後、この「盗聴事件」は、思わぬ方向に発展しました。

見かねたお母さんが、「あなたやりすぎよ」ということで、L沢先生の指導を自分のポケットマネーで継続させることになったのです。

ここから先は、もはや「家政婦は見た」[12]に近い世界ですが、L沢先生の指導継続が決まった際のお母さんとK良君の会話は、次のようなものでした。

12　市原悦子扮する石崎秋子が、医師、代議士、実業家などの「上流家庭」に家政婦として派遣され、汚職、不倫、吝嗇《りんしょく》、兄弟間の確執といった各家庭の暗部をのぞき見しつつ、最後にはそれを洗いざらい暴露。涼しい顔で次なる家庭に派遣されていくというのがお決まりのストーリーとなったテレビドラマシリーズ。最大の謎は、石崎秋子がどうして失職しないですんでいるのかということである。

母親「お父さんの前で、あんまりL沢先生の話するんじゃないわよ。またねちねち言い出すに決まってるんだから」

K良「めんどくせー。絶対、頭おかしいよ」

母親「お父さんが、ああいう人だっていうのは、もうよく分かってるでしょ？　これからお父さんの性格が変わるってことはありえないんだから、うまくかわしてくことを覚えるしかないわよ」

K良君「家に放火[13]したいよー」

一見素敵なお父さんなだけに、少しかわいそうな気もしたのですが、お父さんの過剰な「中学受験マニア」ぶりに、K良君とお母さんは、かなり以前から引き気味だったようです。

結局、K良君は、第二志望の慶応湘南藤沢に合格。受験結果だけ見ると、ハッピーエンドですが、今でも、K良君の家庭の親子関係、夫婦関係がその後どうなったか、ふと心配になることがあります。

13　この発言は、同年（二〇〇六年）六月に奈良で起こった放火事件を踏まえたもの。この事件では、医師である父親が「ICU（集中治療室）」と称する自室で高一の少年の勉強に付き添い、重圧に耐えかねた少年が自宅に放火。父の再婚相手である義母と、その二人の子どもが死亡するに至った。事件発生当時から、K良君は「気持ち分かるわー」と関心を示していた。

エピソード9
業界裏話二話——塾も家庭教師もあくまで商売

中学受験生の親の中には、「塾に言われたから」「家庭教師にすすめられたから」と、何でもかんでも言うなりにして、不必要な投資をする人がいます。

時事問題がほとんど出題されない学校を受験するのに「時事対策」の授業を取る。

志望校には本人確認程度の短い面接があるだけなのに、面接対策講座に参加する。

一つの教科で複数の家庭教師をつけた結果、先生によって教え方が違って子どもが混乱してしまう。

よく考えてみると、馬鹿馬鹿しいことに時間とお金を費やしていることが分かるのですが、「教育者」のイメージが強いのか、塾の講師や家庭教師の言葉は、時に、絶大な威力を発揮することがあります。

しかし、塾も家庭教師もあくまで商売。「この講座は取った方がいい」「もう少しコマを増やさないと志望校にとどかない」といったアドバイスは、営業トークでもあることを忘れてはいけません。ここで、受験産業の内幕が分かる二つの会話をご紹介しましょう。

クレーム対策としての増コマ提案（二〇〇五年）

一つ目は、私が塾で教えていた頃に耳にした会話です。

M美ちゃんのお母さんは、「学習相談」と称し、しょっちゅう塾にクレームをつけに来ることで有名でした。講師の間では煙《けむ》たがられていましたが、「来るな」と言うこともできません。

その日も、M美ちゃんのお母さんは「国語の授業についての相談」のために、面談を申し込んできました。

次の会話は、上段が面談ブースでのお母さんと室長のやりとり[14]、下段は面談終了後の室長と講師のやりとりです。お母さん相手の時と講師と話している時の室長のギャップに注目して読んでみて下さい。

14　面接ブースでのやりとりは完全には聞こえてこないため、三割ほどは想像で補ってある。

面談ブースでの会話（要約）

母親「国語の授業がぜんぜん分からないって言うんですよ」

室長「分からないというのは、解説を聞いても分からないということですか？」

母親「そうです。すごい早口らしくて、わけ分からないって言ってますよ」

室長「N条先生の授業ですね？」

母親「そう。先生変えてもらうことってできないんですか？　他のお母さんも言ってましたよ」

室長「私から、N条先生に話をしてみますが……それなりに実績のある先生なので、

面談後の会話（要約）

講師「大変でしたね」

室長「この前ほどじゃなかったよ」

講師「N条先生のこと、かなり悪く言ってましたね？　聞こえてましたよ」

室長「M美ちゃんの場合、どの科目も寝てたり聞いてなかったりだから、先生変えてもねえ……」

講師「結局、個別ですか？」

室長「それしかないでしょ？　N条先生は嫌だって言うし、こっちはM美ちゃんのお母さん一人のクレームで担当講師変えるわけには行かないんだから」

毎年N条先生の授業を受けたいっていうファンもいるんですよ？」

母親「それって、変えられないっていうこと？」

室長「そうですね……」

母親「だって、授業が分かりにくいって大問題でしょ？　これって塾の信用問題じゃないんですか？」

室長「気を悪くしないでいただきたいんですが、M美ちゃんの場合、塾に入ったのが小六になってからでしょう？　そのせいで、他の子どもが小五で習っていることを前提にしたN条先生の授業が分からないのかも知れませんよ。ここは、個別指導の授業を取るのも手かも知れないですね」

講師「確か、算数の個別も増やすって言ってましたよね？」

室長「そうなんだよ。スケジュール組むのが大変だよ」

講師「何曜日になりそうなんですか？」

室長「土曜の午後しかないだろうなあ。まだ分かんないけど、あのお母さんのことだから、国語も個別でお願いしますってことになると思うよ」

講師「M美ちゃんのスケジュール、キツキツすね……」

室長「確かにねえ……あそこのお母さんは、目に見える形で何か変えて、『こうすれば合格可能性が上がりますよ』って提案してかないと、どんどん不安になっちゃう人だ

母親「国語の個別ってあるんですか?」
室長「基本的に、どの教科もありますよ」
母親「やっぱり、集団授業より分かりやすいの?」
室長「そうですね。個別なら、弱点に応じた指導ができますから」
母親「ちょっと考えてみるわ。M美にも聞いてみるけど」
室長「すぐに偏差値が上がることはありませんが、個別と集団でやって行けば志望校に近づけると思いますよ」

からね。まあ、子どもを塾に通わせること自体には乗り気みたいだから、ヘタなことして機嫌損ねることもできないしね」
講師「あの子、第一志望どこでしたっけ?」
室長「雙葉(66)」
講師「うわあ……」
室長「だからお母さんもテンパってるんだよ。こっちも、雙葉合格は百パーセント無理ですとも言えないしねえ」

室長と講師のやりとりから、室長は、M美ちゃんのお母さんとのトラブル回避のために、個別授業をすすめていることがお分かりいただけると思います。

不当なクレームに対しては、はっきり「こちらは可能な限りの指導をしています。お子さんの勉強のやり方に問題はありませんか？」と言ってしまっていいと思うのですが、そんなことを口にしたら、親はますます激昂《げきこう》するかも知れませんし、怒って塾をやめられたら、その分の授業料が入って来なくなってしまいます。「もうけ」だけで考えると、親の機嫌を損ねないようにすることが最優先課題になってくるわけです。その結果、この室長のように、クレームが来るたびに新しい提案を行って一時的に親の怒りをしずめ、受験終了まで引っ張るという対応が出てきてしまうのです。

営業テクのえげつなさ（二〇〇六年）

一方で、受験産業の人間が、明らかにお金のことしか考えていない場合もあります。

次にご紹介するのは、私の家庭教師史上最悪だった営業担当者・O戸とのやりとりです。

ある時私は、O戸の指示のもと、慶応中等部（65）の算数対策の家庭教師として、S行君のもとに派遣されました。

指導が始まった小六の十二月の時点で、S行君の偏差値は四十七。慶応合格の可能性は、まずないと考えるのが普通です。

指導を始めて気になったのは、理系科目担当の私と文系科目を担当するもう一人の家庭教師の他に、何人もの家庭教師が出入りしていることでした。慶応国語の記述問題対策、慶応社会の地理問題対策、慶応の面接での受け答え対策など、記憶しているだけでも、三人以上の家庭教師が来ていました。

これが合格可能性の高い子どもであれば話は別ですが、第二志望（立教池袋・57）も危ういS行君には、「慶応対策」以前にやるべきことが残されているはずです。

さすがにおかしいということで、お母さんに聞いてみたところ、O戸が「できるだけのことはしてあげたいんです。これだけ綿密な対策をすれば、慶応合格も夢ではありません。僕は、慶応が求めているのはS行君みたいな素朴なお子さんだと思ってます」と、言葉巧みに何人もの家庭教師をすすめていたことが判明。

これには私も国語担当の家庭教師も呆れ、ご両親に慶応合格が非常に難しいことを説明した上で、残り一カ月は「慶応対策」にこだわらず、基本の復習に励むというところに落ち着きました。

左の会話は、その翌日、O戸からかかってきた電話でのやりとりです。

O戸「S行君の家で、慶応中等部の合格は難しいようなこと言いませんでした？」

私「言いましたけど」

O戸「困りますよ。親御さんはあくまで慶応っていう目標があるから、うちの会社と契約してくれたんですから」

私「でも、もうすぐ新年ですよ？　今から慶応対策のために何人も家庭教師を増やすより、基本の復習に時間を使うべきじゃないんですか？」

O戸「そうかもしれないですけどねえ、実際、何人もの家庭教師がついて、難関校に合格したケースだって、ないわけじゃないですから」

私「それは、受験直前に指導開始したケースじゃないでしょう？　O戸さん、本気でS行君が慶応に受かると思ってるんですか？」

O戸「いやいやいや、慶応が無理ってことは、こっちもよく分かってますよ。でもね、親御さんにはあくまで『慶応に受かるにはこれだけのことをした方がいいですよ』って路線で契約をすすめてきましたから。せっかくそういう気分になってくれてるところに、わざわざ水さすような話することもないでしょう?」

私「理系と文系で一人ずつっていうのは分かりますけど、いくらなんでも、全部で五人も家庭教師がついてるっていうのはやりすぎでしょう?」

O戸「いいんですよ。向こうがこっちの提案に乗ってくれたんですから。向こうだって、同じ落ちるにしても、『あそこでお金をケチったせいだ』と思って後悔するほうが良くないんじゃないかな?」

これは要するに、合否はどうでもいいから、短期間でしぼり取れるだけしぼり取ろうということです。

家庭教師会社の営業担当者にはノルマが課されることもありますし、契約を取るほど収入が増える歩合《ぶあい》制を取っているところも少なくありません。そのため、O戸ほどの銭ゲバではないにしても、子どもの状況に関係なく、金銭的都合から新しい家庭教師や授業の追加をすすめる営業担当者が出てくるのです。

また、家庭教師として働いている人は、基本給の保証のない「委託契約」「委任契約」で雇用されている場合が多いため、「稼げる時に稼ごう」という考えで、自ら指導時間を増やそうとすることもあります。

子どもが小五や小六初めの頃ならばできたはずの冷静な判断も、受験が差し迫ってくると、焦りや不安で狂ってきます。営業担当者や家庭教師もそれを心得ており、受験直前期をねらって新しい提案を持ちかけてきますから、注意するに越したことはないでしょう。

章末こぼれ話　その1

二〇〇八年、立教女学院（59）を第一志望に、女子聖学院（45）を滑り止めに出願したT里ちゃん。四教科の平均偏差値は五十五を下回ったことがなかったので、女子聖学院を受験するというのもずいぶん慎重だと思ったが、何故か、母親の出身校である偏差値三十台前半のX中学にまで出願し、きちんと試験まで受けに行っていた。

難なく立教女学院に合格し、幸せ気分をかみしめてたところ、X中学の校長から電話が入り、次のような懇願を受けたという。

「入学金、授業料は全て免除させていただきますし、修学旅行や行事に必要な費用も全てこちらで負担いたします。さらに、大学入試のための塾や模試等にかかる費用も援助させていただきますので、どうか、X中学にいらしていただけませんか?」

T里ちゃんの母親の話では、定員割れぎりぎりのX中学は、生き残りをかけて、何とか難関大学への進学実績を作りたかったらしい。どうしてT里ちゃんのところに電話がかかってきたのかは不明だが、試験での得点がずば抜けて高かった上、母親が出身者だからといったところだろう。

有名大学への合格者を出した学校の人気は、翌年、一気に上昇を見せる傾向にあるため、学校側も、優秀な生徒集めに躍起になっている模様。

いかがなものでしょう?

第二章　ツカレ親を分析する

ツカレ親度チェック

第一章では、実話に基づくいくつかのエピソードをご紹介してきました。ケースによって、親の性別や年齢はさまざまでしたが、こうして振り返ってみると、ツカレ親の行動や思考には、いくつかの共通点が見られることが分かります。

ここでまず、次の「ツカレ親度チェック」に挑戦してみて下さい。十六項目中半分以上にチェックがついいたら要注意。次なる悲劇を演じてしまうのは、あなたかも知れません。

【ツカレ親度チェック】

□公立中学に進学させるなど、ありえない
□子どもには、今のうちに多少の苦労をしてでも、将来楽してほしい
□「エリート」という言葉にあこがれがある
□自分や配偶者のことをエリートだと思う
□子どもにはそこそこの大学に進学してほしい
□自分や配偶者の学歴にコンプレックスがある

□自分や配偶者の学歴に誇りを持っている
□自分自身の経験として、勉強ができるようになるコツをつかんだことはない
□わが子の学力が他の中学受験生に比べてどれぐらいなのか、イメージがわかない
□塾や家庭教師なしで中学受験するなどバカな人のすることだと思う
□高偏差値をキープしている子どもは、何か特別な勉強法を実践しているのだと思う
□「学力は生まれつきのものだ」という説には反発を感じる
□どんな逆境も努力次第で切り抜けられると思う
□目標を中途であきらめるのはダメな人間のすることだと思う
□「敗者復活」系の伝記や逸話が好きだ
□子どもの教育にはそれなりの出費を覚悟している

子どものことを真剣に考えている親であれば、以上の十六項目中、二つや三つは当てはまるはずです。一つもチェックがつかなかったという人がいたら、よほどドライなのか、子どもへの愛情が足りないかのどちらかでしょう。

ツカレ親が問題なのは、度を越して中学受験にのめり込み、過剰な学歴至上主義や努力信

仰の果てに、合格と反対の方向に向けて暴走を始めるからです。教育熱心も、一定の限度を超えれば、ただ子どもを振り回し、親自身を疲弊《ひへい》させる結果にしか終わりません。

本章では、こうしたツカレ親の行動や思考に迫り、その何が問題なのかを考えていきたいと思います。

1、ツカレ親とは

ツカレ親は「悪い親」ではない

「低学歴な親ほど、高望みするんだよ」

「あそこの家は、お父さんは京大らしいけど、母親は短大卒だからね」

受験産業で働く人々と話していると、しばしばこうした言葉を聞かされることがあります。子どもの中学受験で妙な暴走を見せる親に限って学歴が低く、そのコンプレックスから、学力不相応な学校を受験させているというのです。

一方で、世間には、典型的な「悪い親」のイメージというものも存在します。食事を作らずにコンビニ弁当で済ます、夜遅くに子どもを平気で繁華街へ連れ出す、公共の場でわが子が騒いでも注意しない、明らかに自分の子どもに非のある問題で、学校が悪いと言って怒鳴り込む、などなど。こうしたイメージは、昨今問題になっている「モンスターペアレンツ」とも重なりを見せるものですが、「ツカレ親」と聞いて、こうした親たちを思い浮かべる人もいるのではないでしょうか?

しかし、本書が問題にする「ツカレ親」は、**必ずしも「低学歴」というわけではありませんし、子どもの躾《しつけ》を怠る「悪い親」というわけでもありません。**

ここでまず、ツカレ親というものについて、大まかな定義をしておきましょう。

ツカレ親とは、「**子どもの学力に見合わない志望校を掲げ、塾や家庭教師に費やした時間が勉強した時間だという勘違いのもと、どこまでも暴走を続けてしまう親**」のことです。ツカレ親を特徴づけているのは、まさにこの思考と行動のパターンであって、このパターンに当てはまる限り、高学歴だろうと、生活態度が模範的だろうと、ツカレ親であることに変わりはないのです。

実際、中学受験の現場には、自分が高学歴なだけに、子どもに自分の能力を投影して暴走する親が多く、また、朝食はしっかり摂った方がいいとか、早寝早起きの習慣が望ましいといった瑣末《さまつ》な判断はできるのに、学習計画を立てたり志望校を決めるとなると、途端《とたん》に正常な判断力を失う親が、少なくありません。

この手の親は、何かと不満や相談が多く、こと受験産業で働く人間にとって、「めんどくさい」存在であるため、「学歴コンプレックスの強い可哀《かわい》そうな人」として片付けたくなる気持ちもよく分かります。しかし、中学受験の現場を見る限りで、「ツカレ親＝低学歴」という図式は、常に成り立つものではないというのが、私の印象です。

この点については、「セレブ系ツカレ親」と「エリート系ツカレ父親」のところで、くわしく触れることにしましょう。

ところで、「中学受験で暴走」と言うと、御三家を初めとする難関校に血眼《ちまなこ》になってわが子を入れようとする親のイメージが強いかも知れませんが、ツカレ親は、難関校を志望する層にのみ現れるわけではありません。

昨今の中学受験の過熱により、一部の最底辺校を除く全てのレベルの学校で、熾烈《しれつ》な競争が繰り広げられるようになってしまいました。その背景には、いじめや学級崩壊に象徴される公立中学の教育環境に対する不安、そして、高校の内容を先取りして教える中高一貫校のカリキュラムへの期待などがあるようですが、今や、かつてはトップ校受験生の滑り止めにしかならなかったような中堅校、さらには、数年前まで定員割れに苦しみ、その打開策として特進クラスを設置したような学校までも、しっかりした対策なしに入ることはできないのです。

こうした状況にあって、ツカレ親は、あらゆるレベルの学校を志望する層に存在しています。正確に言えば、志望校が上位校だろうと、中堅以下の学校だろうと、そこにつきまとう不合格の危険を直視できないのが、ツカレ親なのです。

さて、そうはいっても、ツカレ親と学歴、志望校のレベルといったものの間に、何の関係性も見出せないわけではありません。

ここで、ツカレ親を「セレブ系ツカレ親」と「庶民系ツカレ親」の二つに大別し、同じツカレ親でも、その属性によって異なる「ツカレっぷり」に迫ってみたいと思います。

セレブ系ツカレ親──現状維持のために

セレブ系ツカレ親は、学歴や社会的地位が比較的高く、自ら「勝ち組」であるという意識を持っていることが、第一の特徴と言えます。日本の「上流」も随分と下品になったもので、「うちはそれなりの家庭ですから」というようなことを、口に出して言うこともあるくらいですが、その一方で、子どもの「下流化」に対し、非常に強い危機感を抱いてもいます。

その対策として、セレブ系ツカレ親がのめり込むのが、中学受験。志望校に選ぶのも、東大や医学部に多くの合格者を出している進学校、有名大学にエスカレーター式で進める付属校などの上位校です。

つまるところ、セレブ系ツカレ親は、「現状維持」の方法の一つとして、中高一貫校進学を考えているのです。

この手のツカレ親は、そこそこ知的で、子どもの教育環境を整えることにも熱心なため、小三から塾に通わせたり、習い事をさせたりするだけでなく、毎日ニュースを見せ、家族で社会問題について話すことを心がけるなど、まさに『プレジデントファミリー』が推奨するような試みを実践しています。

それなら何も問題ないじゃないかと思われるのですが、こうした試みがうまく行くのは、子どもに一定の理解力があり、知識の吸収とつみ重ねが順調にできた時に限られています。

早いうちから塾に通っていたのに、いざ小六になって模試を受けてみたら、基礎すら身についていないことが判明した。毎日ニュースを見ていたはずが、馬耳東風で、何も記憶に残っていなかった――。こうした状況に陥った時どう対処すべきかを、セレブ系ツカレ親は知らず、常に「新しく」何かを始めるという「プラス」の発想しかできないため、結局、家庭教師や個別指導に依存することになってしまうのです。

ところで、セレブ系ツカレ親は、絶対に志望校の見直しに応じないというわけでもありません。

子どもの成績が低迷著《いちじる》しければ、女子学院から白百合へ、慶応中等部から学習院へ、というように、五ポイント程度下の学校に志望校を変更することもあります。

問題はこの先で、セレブ系ツカレ親は、「セレブ」を自認しているだけに、これ以上志望校レベルを下げることを許しません。子どもの偏差値が三十台や四十台をさまよっていても、あくまで世間に名の通った中高一貫校にこだわり続け、「御三家じゃないんだから、やれば何とか受かるはず」と、無謀な暴走を始めるのです。

さらに、セレブ系ツカレ親に顕著なのは、**母親以上に父親が暴走を見せる傾向にある**ということなのですが、この点については、後でくわしく書くことにしましょう。

ちなみに、生活態度は概《おおむ》ね良好。子どもの躾にも熱心で、一見すると、「いい親」にしか見えないところに、落とし穴が潜んでいます。

庶民系ツカレ親――下剋上を目指して

セレブ系ツカレ親が、現状維持のために中高一貫校進学にこだわるのに対し、庶民系ツカレ親は、子どもに自分より高い学歴を望む「上昇志向」から、中学受験を考えています。第一章のエピソード5で書いたように、この上昇志向は、子どもの出世を望むというより、「フリーターやニートにさせないために」という消極的なもので、「手に職を」ということで医大進学を狙う親もいれば、「とにかく大学だけは出ておかないと」ということで大学進学そのものを目標にする親もおり、「上昇」の内容はさまざま。志望校のレベルも、上位校から中堅以下の学校まで、ばらつきがあります。

また、庶民系ツカレ親は、セレブ系ツカレ親に比べ、知的・文化的なものに対する関心がうすく、子どもに勉強を教えるためのスキルも持ち合わせていないため、受験に関することは、最初から最後まで、塾や家庭教師に丸投げする傾向にあります。さらに、受験や大学をめぐる情報にうといということも、挙げておかなければならないでしょう。

こうした特徴は、庶民系ツカレ親に、厳しい選抜を経験している親が少なく、選抜のための勉強や受験というものをめぐる「常識」が内面化されていないことと、関係があるようです。解説を聞くことと自分で問題を解くということはどう違うのか、基本問題と発展問題はどのような関係にあるのか、模試の偏差値は何を表しているのか、大学入試はどのような仕組みに基づいて行われているのか。こうしたことが、自身の経験として理解できていないため、やみくもに塾や家庭教師の時間を増やしたり、「大学進学率アップ」を公約に掲げているというだけで、「この学校に入れば、うちの子の将来も安泰」と、安易に志望校を決めてしまったりするのです。

ちなみに、ツカレ親なだけに、一度決めた志望校はなかなか変更がきかず、それが子どもの学力に見合っていなくても、「何とかなるはず」で押し切ってしまうところは、セレブ系ツカレ親と、何も変わりありません。

さて、生活態度ですが、こちらも概ね良好で、一見すると、普通の「いい親」でしかありません。蛇足《だそく》ながら、セレブ系ツカレ親に、メディアに登場する「いい親」像を演じているかのような不自然さが感じられるのに比べ、こちらは、より自然体です。

エリート系ツカレ父親の増殖

「教育ママ」という言葉が表しているように、一昔前まで、子どもの勉強に入れ込んで暴走する親＝母親というイメージがありました。このイメージは、いまだに広く受け入れられており、既刊の中学受験本の中にも、受験への過剰な熱中が、母親特有の現象であるかのように書いたものがあります。

しかし、ここ数年で過熱を見せた中学受験の現場では、仕事そっちのけで中学受験にのめり込み、母親そっちのけで暴走を見せる父親が、目立つようになってきました。

会社の方は大丈夫かと思うくらい頻繁《ひんぱん》に塾を訪れたり、出勤前に「朝勉」の監督に当たる熱心さは、教育ママも顔負け。エピソード8のK良君のお父さんのように、ビジネスマンならではのパソコンスキルを生かし、受験に関する独自の資料を作成していることも、決してめずらしくありません。

昨今刊行が相次いでいる中学受験本の類では、父親による積極的なサポートの必要が強調されています。例えば、本書の冒頭でも登場した清水克彦氏の『わが子を有名中学に入れる法』では、「合格は父親しだい」という章が設けられ、「つい成績の上下に一喜一憂し、悲壮感を漂わせがちになる」母親に加え、「参謀役」としての父親の参加が促されていました。

このように中学受験への父親の協力が求められるのは、家庭を離れて仕事に出ている時間が長い分、父親の方が、より客観的な目でわが子を見守ることができると考えてのことでしょう。ところが、現実には、わずかな偏差値の低下で動揺を見せ、子どもを振り回すツカレ父親が少なくありません。**わが子のこととなると冷静な判断力を失うという点では、父親も母親もそう変わらない**のです。

ツカレ父親の特徴としては、先ほど登場したセレブ系の親が多く、いわゆる「エリート」であるということが、指摘できます。難関大学を出て、医師や会社の代表取締役、有名企業の社員といった職にある人に限って、何故か、中学受験熱に取り憑かれる傾向があるのです。

学習塾YSP代表の篠上芳光氏は、その著書『中学受験合格の決め手は「家庭内文化力」だ！』（実業之日本社、二〇〇七年）の中で、この点に触れ、次のように述べられています。

「中学受験熱病」に冒されている父親の多くは、世間一般からするとエリートと見られている人が多いようです。中学から大学まで一流校卒業で、職業は大企業の社員や弁護士、医師、キャリア官僚など、いわゆる「勝ち組」のグループに属する人たち。（中略）収入はほどほど高くても、仕事ではどこか満たされない。その心の隙間を埋めるために、子どもの受験に過剰な情熱を傾ける。私は父親と面談することも多いのですが、そのような揺らぎを感じることが増えています。

（同書、百四四〜百四五頁）

エリート系ツカレ父親増殖の背景には、仕事での空虚感ということに加え、「自分の子どもなのだから勉強ができて当たり前」というわが子の学力への過信、そして、自分の築いてきたものが、子どもの「落ちぶれ」によって損なわれることへの危機感のようなものもあると考えられます。失敗を知らないだけに、「勉強ができない」ということが理解できず、必要以上に失敗を恐れてしまうのではないでしょうか？

母親以上の始末の悪さ

ツカレ父親が受験産業への過剰な依存を始めると、母親以上に始末の悪いことになります。母親は、多くの場合、夫の収入から塾や家庭教師の月謝を支払っています。そのため、父親に冷静な判断力さえあれば、父親の了解を求める段階で、無理な学習計画や行き過ぎた受験産業への投資に待ったがかけられることもあります。

これに対し、父親は、自分の収入で全てをまかなうことができるだけに、たとえ母親にしっかりした判断力があっても、その効果を期待することができません。

過密スケジュールや高過ぎる授業料、無謀な志望校設定に母親が難色を示したところで、

「金を出しているのは俺だ」と聞く耳を持たなかったり、勝手に自分の口座を引き落とし先に指定し、塾や家庭教師会社と契約を結んでしまったりと、その暴走ぶりは、まさに「暴君」といった感じです。

学歴の高い親なら勉強のコツが分かるはずだから、自分で子どもを教えられるんじゃないの？　という声が聞こえてきそうですが、これは、誤解と言わざるをえません。現実には高学歴な親に限って、「勉強ができない」「分からない」という感覚を理解できないという悩みを抱えていることがあり、自ら指導に当たろうと思っても、わが子の飲み込みの悪さに苛立つため、塾や家庭教師といった外部の人間に助けを求めがちです。

結局、**わが子が勉強につまづいた時に「教える」ことができないという点では、エリート系ツカレ親も庶民系ツカレ親も、それほど変わらない**のです。

ところで、エリート系ツカレ父親が妙に理屈っぽく、押しが強いところも、対応を難しくしている原因の一つと言えます。

ビジネスに欠かせないロジカルシンキング力[1]をここでも発揮ということなのか、エリート

1　わざわざカタカナ言葉にして強調せずとも、人間が思考する際の超基本という気もするが。

系ツカレ父親には、意識的に、理詰めで話をしようとする傾向があります。それだけならばそこまで問題もないのですが、この手のツカレ父親の困ったところは、自分の判断力に絶対の自信を持っており、自分の立てた仮説に根本的な誤りがないか、決して疑おうとしないところです。

論理的なはずのツカレ父親によって立てられた計画は、**「うちの子は本当は頭がいい」という根拠のない前提から出発しているため**、それに基づいて行動しても、成功を望むことはできません。しかし、高圧的な態度で持論を正当化して見せることが多いために、周囲もなかなかツッコミを入れられないのです。

日本の医療や経済を担う人々が、こんなことで大丈夫かと心もとない限りですが、中学受験が今後さらなる過熱を見せた時、こうしたエリート系ツカレ父親は、さらなる増加を見せることでしょう。

2、中学受験の目的がおかしい

学歴至上主義の亡霊

中学受験のプラスの面を強調する単行本や雑誌の特集を見ていると、知識のつめこみが問題視されたかつての大学受験とは違うイメージで、中学受験をすすめようとする努力が感じられます。

「中学受験のための勉強を通して、本当の学力を培《つちか》うことができる」

「単なるつめこみではない生きた知識を身に付けよう」

こうした言葉に象徴されるように、昨今の中学受験ブームの中で、メディアには、新しい受験のイメージが登場するようになったと言えるかも知れません。

ところが、問題は、中学受験をすすめるものの多くが、建前としてこうした「真の学び」の必要を叫びながら、その一方で、それぞれの中高一貫校の大学合格実績を重視しており、中学受験生を抱える親たちが、依然として、学歴至上主義に支配されていることに他なりません。このことは、東大合格者が一人でも出たり、特進クラスを設置したりした学校の志願者が、翌年増加する傾向からも裏付けられそうですが、結局、**どんな言葉で美化しようとも、多くの親たちにとって、中学受験は、「大学に入るための第一関門」でしかない**ようなのです。

安田教育研究所代表の安田理氏は、雑誌『エコノミスト』に寄せた「メディアが煽る『進学成果主義』――強迫観念が親を走らせ、家庭崩壊も」という記事の中で、この問題に触れ、次のような言葉で、過熱する一方の中学受験に警鐘を鳴らしています。

いつの間にか「大学に合格させる力＝私立中学の教育力」と捉える保護者が多くなっている。男子校では以前から、前年春の大学合格実績が翌年の応募者数にすぐ跳ね返る傾向があったが、近年は女子校でもそうした傾向が顕著になっている。応募者数に響くとなれば、学校側も難関大学に大勢合格させることに力を入れざるを得ない。「国公立・早慶上智に50％合格させます」「国公立・最難関私立大学に現役合格を目指します」といった勇ましいマニフェストを発表する学校もあるほどである。こうして親の意識はますます「中高一貫校＝大学への通過点」となっていく。

（『エコノミスト』二〇〇七年七月十日号、八二～八三頁）

一方、教育評論家の尾木直樹氏も、著書『教育格差――ダメ教師はなぜ増えるのか』（角川ｏｎｅテーマ21、二〇〇七年）の中で、「わが子を『下流』にだけはすまいと、再び学歴志向に回帰していこうとしている傾向」として、大学進学のために中学受験をさせる親たちへの危惧を示し、中学受験の世界に、かつてのような学歴至上主義が息づいていることを示《し》唆《さ》しています。

こうした傾向は、貧しい世界観の拡大再生産という点からも批判が可能ですが、それ以上に問題なのは、ツカレ親たちの多くが、大学合格実績や大学入試のおかれた現状について、正確な知識を持っておらず、ただ盲目的に、「大学」というキーワードにこだわり続けていることです。このこだわりのために、ツカレ親たちは、志望校選択を誤り、場合によっては、**本当に必要かよく分からない苦労を、子どもに負わせる**ことになってしまっています。

以下に、こうした学歴至上主義的な傾向について、上位校狙いのツカレ親と中堅以下の学校を志望するツカレ親とに分け、さらにくわしく見ていきたいと思います。

進学校をめぐる根本的勘違い

中堅以上の中高一貫校を志望するツカレ親に、さらに低いレベルの学校をすすめると、必ず次のような反応が返ってきます。

「でも、そこの学校って早稲田にも慶応にも大して受かってませんよね？　うちは、ちゃんと早慶に入れてくれるような学校を選びたいんですけど」

「去年のデータだと、立教に一人入ってるだけですよね？　そういう学校には通わせたくないなあ」

エピソード8のK良君のお父さんのように、それぞれの中高一貫校から有名大学にどれだけの合格者が出ているかのグラフを作り、子供部屋に貼っていたツカレ親もいたくらいですが、このように、この層のツカレ親は、各学校の有名大合格実績に、過剰にこだわる傾向があります。

確かに、大学合格実績は、その学校の生徒や教育のレベルを判断する一つの基準にはなりうるでしょう。しかし、ツカレ親は、いくつかの重要なことを見落としています。

年	東大	早稲田	ちなみに 慶応	卒業生数
2005	27名	68名	51名	278名
2006	20名	64名	49名	275名
2007	19名	46名	48名	273名

※合格者数は学校側の発表による。卒業生数は、『高校受験ガイド――2008年入試用　東京／近県　神奈川・埼玉・千葉・茨城ほか』（市進出版、2007年）掲載の大学通信提供のデータによった。

図5　巣鴨高校の大学合格実績推移

慶応や青学の付属に通う生徒が、ほぼ百パーセントの確率で大学まで上がれるのに対し、たとえば巣鴨高校から東大に十九人、早稲田に四十六人合格というのは、あくまで単年度の結果に過ぎず、翌年それだけの合格者が保証されているわけではありません。優先的に入学できる付属や系列の大学がない限り、**進学状況はその年の高三生の「デキ」と「がんばり」次第で変動を見せる**ものなのです。[2] ちなみに、たった今例に挙げた巣鴨高校は、二〇〇五年には二十七名の東大合格者と六十八名の早稲田合格者を出していましたが、二〇〇六年には二十名と六十四名、二〇〇七年になると十九名と四十六名、と下降を見せています（図5参照）。

実際、進学校や準進学校の高一、高二生からは、「今度の高三は遊んでる人[3]が多いから、大していいとこには受からないだろうなあ」というようなボヤキを聞くことがあります。つまるところ、大学進学状況には、高校がどこであるかということ以上に、各学年の「デキ」が大きく関係しているのです。

とは言え、早慶上智に何十人もの生徒が合格した高校から、翌年、一人の合格者も出ないということは、めったに起こりません。また、MARCH[4]クラスの大学合格者を一度も出し

2　さらに、第一章の章末こぼれ話にも目を通していただきたい。この「こぼれ話」は、各学校の有名大進学者数が、必ずしもその学校の教育水準の高さを表すものではないということを物語っている。

3　首都圏の高校では、「遊んでる人」とそうでない人の差が歴然としている。「遊び」の内容はさまざまだが、男子校や女子校の場合、適度な異性交遊とそれに関連するイベントということになる。「不純」と眉をひそめる向きもあるだろうが、高校生のうちにある程度の恋愛スキルを身につけていないと、大学入学後、恋愛市場であぶれかねない。

たことのない高校から、ある年、大量の東大合格者が出たという話も、聞いたことがありません。このことは、どう考えればよいのでしょうか？

いま仮に、一学年三〇〇人のY校という中高一貫校があったとします。Y校から早慶上智への合格者が例年三十人前後であるとすれば、次のように考えることはできるでしょう。

それは、中学受験でY校に合格できるぐらいの学力のある子どもが、その後の六年間、勉強を投げ出して遊びほうけたりせず、学内で上位の成績をキープして受験勉強もしっかりこなした場合、早慶上智に受かる可能性が高い、ということです。

言いかえれば、一定以上の学力があった結果としてY校への合格があり、Y校入学後の努力の結果として早慶上智合格があるかもしれない、ということであって、最下位でもいいから何とか**Y校に入りさえすれば早慶上智に進めるということではない**のです。

ツカレ親はここで、逆の発想をします。

早慶上智に入るためには、何とかしてY校に受からなければならない、最下位だろうが裏口入学だろうがかまわないから、Y校の合格通知を受け取らなければならない、と考えるわけです。

こうした発想は、不正確であるばかりでなく、ともすれば、子どもをつぶしかねない危険をはらんでいます。

私が中学受験の指導にあたった生徒たちの中には、受験本番で得意なところばかり出題されるという偶然や、エピソード3のC子ちゃんのような奥の手（＝裏口入学）によって、合格絶望的と思われた学校に合格した子どもが何人かいます。

しかし、そうした子どもの大半は、喜びもつかの間、学力に見合わない学校の授業についていくことができなくなり、万年ドベに近い成績で、受験前と同じ塾漬け・家庭教師漬けの生活を送る羽目に陥っていました。

大学受験を終えた生徒はまだ一握りですが、今のところ、無名の私大に進むか、留学[5]という結果がほとんどで、中には、**あまりのつらさで拒食症になり、高校進学時にレベルの低い都立に出てしまった**生徒もいたぐらいです。

4　明治・青山・立教・中央・法政の頭文字を取ったもの。早慶上智の次にくる私立大学のまとまり。
5　進学校では、大半の生徒が有名大学に進学していくため、全く無名の大学に進むのは「恥ずかしい」「カッコが悪い」ということで、時々、国外逃亡を図る生徒がいる。親同士の交流や同窓会の活動がさかんな学校ほどこの傾向が強く、理由は言わずもがな。もちろん、オックスフォードやハーバードに留学していくわけではない。

要するに、無理をして、有名大合格実績を上げている学校に入ったところで、その学校が子どもの学力に合っていなければ、それまで以上の苦労と屈辱を味わうことにしかならないのです。

大学全入状況に関する無知

本章の1で、私は、志望校のレベルによらず、ツカレ親が存在するということを指摘しました。中堅以上の中高一貫校を狙うツカレ親が、各学校の有名大合格実績にこだわるのに対し、中堅より下の学校を志望する層のツカレ親は、大学進学そのものを目標にする傾向があります。

「とりあえず大学までは進んでほしいから」

「やっぱり大学は出ておいたほうが、いろいろつぶしがきくし」

というのは、この層のツカレ親がよく口にする言葉。

その結果、大学進学率が専門学校進学率を上回っていたり、系列女子大への推薦があるというだけで、一昔前までは定員割れギリギリだったような中高一貫校に、受験者が殺到するようになるのです。

しかし、昨今の大学が置かれている状況を考えると、これは非常に奇妙な現象と言えます。大学全入時代という言葉からも明らかなように、**今や、大学受験は、かつてのような激戦ではなくなってきています。**首都圏の国公立や早慶上智は依然難関ですが、とりあえず大学に進みたいという希望をかなえるのは、もはや少しも難しいことではありません。

中高一貫校の人気が高まりを見せる中で、「大学入試対策は、高校に入ってから始めたのでは遅い」ということが、よく言われるようになってきました。

確かに、難関と言われる大学への進学を考えるなら、本来高校で習う数学や英語の内容を中学で先取りする中高一貫校の方が、有利と言えるかも知れません。

しかし、中堅より下、具体名で言うなら、大東亜帝国[6]以下の大学でいいとなると、話は別。公立中学から都立なり私立の高校に進み、高三になってから受験勉強を始めても、**短期集中のがんばりで（学校によってはがんばらなくても）、いくらでも合格することができます。**

私は、大学受験生の指導の依頼も受けることがありますが、中堅以下の大学を志望する高

6　大東文化、東海、亜細亜、帝京、国士舘の五大学。日東駒専の下に来る大学のまとまり。日東駒専をねらうなら、もう少しがんばりが必要。

校生が受験勉強を始めるのは、早くても高二の冬休みから。[7]それがいいか悪いかは別として、それまでは、バイトや恋愛やさまざまな初体験でいそがしく、勉強などという地味な作業に打ち込んでいるひまはありません。それでも、多くの生徒は、受験直前の追い込みで必要最低限の知識を身につけ、複数の志望校の中のどこかしらに合格していくものです。

昨今では、各大学が早期に生徒を確保するためのＡＯ入試[8]なるものも登場し、これまたいいか悪いかは別として、**付け焼刃の対策で十分回答できそうな簡単な作文で入れるところも増えてきています。**この手のＡＯ入試では、英語や歴史などの科目試験が課されないため、そもそも受験勉強の必要がありません。

繰り返しになりますが、それがいいか悪いかは別として、受験のための「勉強」というものをほとんど一切せず、ＡＯ入試でそこそこ名の知れた女子大に進学していった高校生を、私は何人も知っています。

こうした大学受験の現状を踏まえるなら、大学に入ることがとてつもない試練であるかのように騒ぐことは、ひどく滑稽《こっけい》と言わざるをえません。

しかし、それ以上に問題なのは、子どもが小学生のうちから万全の態勢で臨み、**中堅以下の大学に入ることができたとして、それがさほどの意味を持たなくなってきている現実に、**

ツカレ親たちが気付いていないことです。

大学全入時代の到来によって、大学そのものの価値は下落しつつあります。入れない人がいるからこそ価値があったものが、誰でも入れるようになってしまうのですから、当然といえば当然でしょう。

「成城だったら、あと十年ぐらいはいけますかね？」

これは、今後さらに子どもの数が減り、完全なる大学全入時代が訪れた時に、成城大学は、そこそこのネームバリューを保っていけるか、自分の最終学歴が成城になることで、就職活動に支障をきたすようなことはないか、という趣旨の相談です。この手の相談は、大学入試の出願時期をむかえた高校生からしばしば持ちかけられるもので、大学の価値下落の現実を、そのままに物語っています。

7　高二の夏期講習から塾に通う高校生は多いが、出会いの場として大いに役立っている模様。

8　アドミッション・オフィス（Admissions Office）入試の略。各大学が早期に生徒を確保するため行われ、高三の十一月以前に結果が出るのが特徴。一部の難関大を除き、簡単な課題作文や自己ＰＲしか課されない場合が多く、「バカ大学生」が生まれる原因の一つとも言われる。詳細は、石渡嶺司『最高学府はバカだらけ――全入時代の大学「崖っぷち」事情』（光文社新書、二〇〇七年）を参照のこと。

こうしてみると、現役高校生が持っている大学というものに対する意識と、ツカレ親の大学への憧れとの間には、かなりの温度差があることが分かるのですが、ツカレ親たちが持っている「大学観」は、おそらく、ツカレ親自身が学生だった頃から、更新されていないのでしょう。

大学進学のためではなく、中高六カ年を落ち着いた環境で過ごしてほしいという意識から中学受験を考えるなら、それはそれでいいと思います。しかし、大学受験を人生の一大試練であるかのようにとらえ、その早期の対策として中学受験をさせるならば、それは、無駄な骨折りというものではないでしょうか？

3、学力をめぐる誤解

埋められない深い溝

「スタートラインはみんな一緒ですから」

塾や家庭教師会社への入会を決めかねている親に対し、受験産業の人間は、しばしばこうした言葉で早期の受講をすすめてきます。

努力次第でだれでも志望校に合格できるという希望を抱かせつつ、暗に「入会が遅れれば、同じラインに立っている他の子どもに先を越されるかも知れませんよ」と不安をあおっているわけですが、本当に「スタートラインは一緒」なのでしょうか？　スタートの時点で既に差がついているというようなことはないのでしょうか？

タブーになっているのか、当たり前すぎてあえて指摘する必要がないからなのか、一人ひとりの子どもが持っている能力の差は、表立って話題になることがありません。ちまたにあふれているのは、合格はあくまで努力次第、がんばり次第ということを強調する言葉ばかり。「デキ」のいい子と悪い子の間に、どうにも埋められない深い溝が存在していることは、どうやら、口にしてはいけないようです。

私は、一度に多くの子どもを教える塾での指導を通して、この「埋められない溝」の深さを、いやというほど思い知らされてきました。

二十人弱の子どもを教えていると、一度の説明で理解できる子と、極限までかみ砕いた説明を何回も繰り返さないと理解できない子が、必ず出てきます。このほか、三十分前に聞いたばかりの人名を忘れてしまっている子と、二週間前の余談に登場した豆知識を覚えている子、宿題はしっかりこなしてくるのに小テストでなかなか得点できない子と、宿題をさぼっていても常にトップの座を譲らない子など、歴然とした「デキ」の違いが現れてくるのです。

こうした違いは、遺伝や家庭環境、幼児期の教育のあり方など、さまざまな要因の結果として生まれてくるのでしょうが、そのギャップをわずか数カ月で埋めるのは、決して簡単なことではありません。

「前にやったとこなのに、なんで分かんないの？」

これは、塾で常に上位の成績をキープしていた子どもが、基本的な算数の文章題に苦戦する他の生徒に対し、うっかりもらした言葉です。この一言がもとで、この子どもは、塾内いじめの標的となり、講師一同、その対応に頭を悩ませる羽目になってしまいました。

しかし、この言葉は、「デキ」のいい子と悪い子をめぐる一つの真実を物語ってもいます。

難関校に合格する子どもの多くは、科目を問わず、基本事項の理解や暗記に、それほど多くの時間や労力を費やしてはいません。**理解しよう、暗記しようと思わなくても、自然と分かるし、忘れないでいられる**からです。

つまり、こうした子どもたちは、「デキ」の悪い子の何倍もの時間を勉強にあてていたり、何か特別な勉強方法を実践しているというわけではなく、もともとの能力の高さによって、受験勉強の最初のハードルをクリアしているのです。

もちろん、最初のハードルを越えた後で、必ず努力は必要になってきます。その努力を怠れば、次なるハードルを越えることができず、希望の学校に入ることはできないでしょう。しかし、努力を始めなければならない地点が、「デキ」のいい子と悪い子とで違っているということは、否定できません。これは、言いかえるなら、最初からゴール近くを走っている子どもと、ゴールが全く見えないような地点でスタートを切る子どもがいるということです。

ツカレ親は、こうした能力差について、大きな勘違いをしています。

「偏差値六十台の子って、どんな勉強法をしてるんですか？」

「いつもトップにいるような子どもは、一日何時間ぐらい勉強してるんでしょう？」

ツカレ親が繰り返すこうした質問は、勉強のできる子、偏差値の高い子が、ただ努力によって上位につけているということを前提にしています。スタートラインですでに差がついていることが分かっていないからこそ、**「デキる子」と同じ方法で同じ時間勉強すれば、わが子も、「デキる子」になれると短絡してしまう**のでしょう。

埋められない教養の差

一方で、小学校高学年ともなると、それまでの語彙《ごい》や知識の蓄積には、かなりの個人差が現れてきます。

歴史上の人物をめぐる逸話や国際情勢に関する知識、ことわざや四字熟語にとどまらない日本語の表現など、「教養」と呼ぶべきものを身につけている子どもとそうでない子どもの間には、これまた深く大きな溝が広がっているのです。

よく言われるように、こうした教養の差は、本を読む習慣があるか、ニュースを見るくせがついているかといったことにも左右されます。

しかし、本も読まず、ニュースにも無関心で、ひたすら遊びほうけているような子どもに教養がないかと言えば、そんなこともありません。

たとえば、「戦国無双」に代表されるような「歴史モノ」のRPG（ロールプレイングゲーム）を好んでやっていたため、日本史だけは異様にくわしい、大量の漫画を読んできたことで、大人顔負けの豊富な語彙力がある、と言うように、一見知的と思われない趣味や遊びを通し、知識を吸収している子どもは、決して少なくないのです。

特に最近は、『りぼん』『なかよし』に代表される少女漫画ではなく、**オタク的要素の強い**

漫画やアニメを好む「腐女子」タイプの女の子に、博識な子どもが多くなってきています。

こうして身につけられた教養は、にわかに暗記した知識よりも根がしっかりしている分、そのまま勉強に反映されるものです。人名や地理に関する教養は、社会の得点に直結するでしょうし、豊富な語彙力は、国語の読解をはじめとする文章理解の助けになるでしょう。

これは、逆に言えば、小六の後半になってあわてて知識をつめこもうとしたところで、それまでの生活の中で教養を身につけてきた子どもには、そう簡単に追いつけないということです。

特に、語彙の蓄積は、一朝一夕になされるものではありません。受験本番までのカウントダウンが始まってから、『出る順』[9]を買ってきて、塾語や慣用句の暗記に苦戦している子どもをよく見かけますが、実際の文中で使われている言葉に出会うのと違い、一つの言葉とその意味だけを覚えようとすると、なかなか「自分の言葉」にならないものです。**意味や漢字をどんなに暗記しても、自分の言葉になっていなければ、それを文章理解の上で役立てるこ**

9　旺文社から教科別に出されている問題集。入試での出題頻度順に問題が並んでいることから、重宝されている模様。

となどできないでしょう。

これこそが、中学受験をする子どもたちの間に広がっているもう一つの溝。それぞれの子どものスタートラインを違うものにしている二つ目の要素と言えます。

しかし、それでは、受験勉強が本格化するまでの間、歴史モノのＲＰＧや難しい言葉の出てきそうな漫画をたくさん買い与えておけば教養ある子どもが育つかと言えば、一概にそうだと言うこともできません。同じＲＰＧや漫画を趣味にしていても、登場人物の名前や時代設定、台詞《せりふ》の一つ一つを細かく覚えている子どもがいる一方で、大まかなストーリーしか頭に残らないという子どももいます。

結局、ここでも、それぞれの子どもの性格や、もともとの能力がものを言うわけです。

このように、「もともとの能力差」ということを強調すると、差別だとか人権がどうのといった方面からの批判が飛んでくるかも知れません。

しかし、見せかけのヒューマニズムで、誰もが無限に輝く可能性を秘めているかのような幻想を持たせる方が、よほど無責任です。十分な能力がなければ、どのみち、その現実に直面することになるのですから。

生きていくということは、**こうした能力差と折り合いをつけながら、可能な範囲で最良の**

結果を出せるよう努めることの繰り返しに他なりません。子どもへの教育的配慮として必要なのは、「努力してもかなわない夢がある」という現実に気付かせるのを先送りにすることではなく、希望通りにならない時、実現可能な範囲で幸福を見つけられる柔軟性を身につけさせることではないのでしょうか？

4、完全不合格学習マニュアル

裏目裏目の追加授業

第一章でご紹介したエピソードからも分かるように、ツカレ親は、勉強すること＝塾や家庭教師に費やした時間だとしか考えていません。

エピソード2のB人君やエピソード7のJ宏君のお母さんはその典型ですが、習った知識は習いっぱなし、分からなかった問題はそのまま放置というのが子どもの習慣になっていても、塾にさぼらず通っている限り、しっかり勉強しているものと思い込んでいるのです。

こうした考えが変わらないと、子どもの成績が下がるたびに個別指導の授業を追加する、それでも結果が出ない場合は家庭教師をつけるという悪循環が起こってきます。国語の偏差値が下がったから個別指導、算数の成績低迷の対策に家庭教師、そんなことを繰り返しているうち、子どものスケジュールは、あっという間に過密状態に陥ってしまいます。

四教科の平均偏差値がせめて四十台半ば過ぎで、特定教科・特定分野で苦戦しているという子どもの場合、個別指導や家庭教師の追加によって、一気に成績がアップすることもあるでしょう。

しかし、先ほども書いたように、基本中の基本が身についていないために偏差値が低迷している子どもになると、授業追加で学力が伸びることは、まずありません。

何故でしょうか?

これは、ただでさえ知識の定着・整理ができていないところに、色々な人から色々な知識を与えられ、頭が消化不良を起こしてしまうからです。

ツカレ親は、個別指導や家庭教師を追加する際、塾の通常授業をそのまま続けるという前提で、スケジュールを考えています。しかし、エピソード1のA奈ちゃんの例からも分かるように、既に発展的な内容に入っている塾の集団授業と、基本的な遅れを取り戻すための個別指導や家庭教師を並行してこなすというのには、明らかな無理があります。発展問題は、基本の理解なしには解けないもの。**基本が身についていない状況で発展問題に手をつけても、**

無駄な混乱を招くことにしかなりません。

塾や家庭教師にあまりに多くの時間を取られ、空き時間が全くないというのも、マイナス要因の一つです。塾の講師や家庭教師の説明を聞いて分かったつもりになっていた知識も、次の授業までの間、何もしないで放ったらかしにしておけば、定着しないで終わってしまいます。だからこそ、塾も家庭教師も宿題を出すのですが、**連日連夜ぎっしりスケジュールがつまっていては、宿題をこなす時間も、十分に取れない**のです。

「勉強する時間がない」

ツカレ親の立てた超過密スケジュールに振り回される子どもは、よくこんな言葉をもらすことがあります。こうしたボヤキは、できなかったことの言い訳として片付けることのできないもので、よくよく話を聞いてみると、確かに時間的余裕のなさすぎる場合が少なくありません。

理科の家庭教師の説明でやっと分かりかけていた「てこ」の問題をやり直そうと思ったら、算数の個別指導でも大量の宿題が出ており、起きてから学校に行くまでの間見直すことしかできなかった。社会の個別指導で習った公民の重要事項を暗記したかったが、算数の家庭教師が週二回に増えたので、途中で終わってしまった。こうなると、何のための塾や家庭教師なのか分からなくなってしまいます。

時間的余裕のない毎日で疲労がたまれば、集中力そのものが落ちてくるということもありますから、やみくもに授業を追加すればいいというものではないのです。


目的は合格ではない？


「計算練習を毎日やることになっているので、時間のかかる文章題は宿題に出さないでほしいんです」

「基本問題はとばして、来週の模試に出そうなところを教えてください」

「社会の夏期講習のテキストをまだ仕上げていないので、暗記の時間は取れません」

「学校説明会が始まるので、今までほど勉強時間が取れないかも知れません」

いい加減にして下さい。要するに、不合格になりたいわけですか？

とは言えないわけですが、ツカレ親には、**何よりも重要な基本の理解・定着を後回しにして、どうでもよさそうな目先の課題を優先させる傾向**があります。

どんなに計算力が大事だと言っても、肝心の文章題の解き方が身についていなければ、受験本番で得点することはできません。模試の結果がいいにこしたことはありませんが、それは学力の積み重ねの結果としてついてくるものであって、理解できていない基本問題の解説を中断し、模試の対策としてできることなどないはずです。

夏期講習のテキストにしても、知識が未定着な状態で、ただ「仕上げる」ために取り組んでみても、本当に効果が上がるとは思えません。第三章でくわしく触れるように、基本が身についていない子どもの多くは、他の参考書から答えらしき単語を探すという方法で、とりあえず課題を消化しています。書き写しながら暗記するよう心がけているならまだしも、書き写しの作業に追われ、「暗記に時間が取れない」というのは、単なる時間の浪費でしかないでしょう。

さらに、志望校の雰囲気は事前に見ておいた方がいいとは言え、ただでさえ時間の余裕がなくなっている時に、学校説明会で勉強時間が削られるほど馬鹿馬鹿しいこともありません。強制参加というわけではないのに、どうして子どもを同伴することにこだわるのでしょうか？

ツカレ親のこうした本末転倒の発想は、**塾や家庭教師のアドバイスを杓子定規にとらえた結果であることが、少なくありません。**

たとえば、塾では、「計算練習は毎日やらないと意味がない」と言って、計算ドリルのようなものを渡すことがあります。このアドバイスは、正確な計算力は一朝一夕《いっちょういっせき》に身につくものではないから、地道に訓練を積めという意味のものであって、計算ドリルだけやっていれば算数の成績が上がるとか、文章題で分からない問題があっても計算練習を優先させろなどということは、一言も言っていません。

考えなくても、それぐらいのことは分かりそうなものですが、ツカレ親は、「計算練習は毎日やらないと意味がない」というのを「他の課題を後回しにしてでも計算練習は毎日やらないといけない」と拡大解釈したり、塾の先生の言葉を口実に、手間のかかる文章題から計算練習へ逃げようとする子どもの言うなりになってしまったりするのです。

ツカレ親が見せる模試へのこだわりにも、同じことが言えます。

塾の講師や家庭教師は、「今度の模試で偏差値五十を切るとやばい」「夏休み明けの模試には、全科目満点を取るつもりで臨むように」などと言うことがあります。これは、模試のために付け焼刃の勉強をしろと言っているのではなく、それぐらいの結果が出せるだけの学力を積み重ねておけということです。

一回一回の模試は、それをとりあえずの目標としてがんばるための区切りではあっても、わざわざそのための対策を立てて準備するようなものではありません。しかし、ツカレ親は、模試そのものが目標であるかのように考えるため、**模試に備えた直前特訓や出題予想を依頼するという奇妙な行動が出てくる**のです。

こうして考えてみると、ツカレ親は、**わが子を志望校に合格させたい一心で暴走しているにもかかわらず、実際は、合格と反対の方向に向かって、空回りをしている**ことが分かります。

先ほど、過密スケジュールの問題について書きましたが、個別だ家庭教師だと新たな時間を割くよりも前に、本当に有効な時間の使い方ができているかどうか、本当に必要な勉強ができているかどうかということを、もう少し考え直してみてはどうなのでしょうか？

5、まちがいだらけの志望校設定

偏差値は真実を語る

ひところしきりに「偏差値教育の弊害」ということが言われたのを聞きかじってか、ツカレ親は、偏差値にもとづく志望校選びに難色を示すことがあります。

「受けてみなきゃ分からないじゃないですか？」

「偏差値って、そこまで正確なものでもないでしょ」

こんな言葉とともに、子どもの偏差値をはるかに上回る学校の受験を決定。**あまりの無謀さに待ったをかけた人間の方が、偏差値でしか物事を見られない悲しいやつのように言われる**こともあるぐらいです。

偏差値が絶対的な基準でないというのは、その通りです。一度の模試で偏差値が一ポイント下がったからと言って大騒ぎするのは馬鹿げていますし、実際、模試での偏差値よりも数ポイント上の学校に受かるというケースは、決して少なくありません。

しかし、何回模試を受けても、著しく低い偏差値しか出ないとなると、その現実は、深刻に受け止める必要があります。どこからが「著しく低い偏差値」にあたるかということは、一概に決めることができないものの、いつまで経っても三十台から四十台頭ぐらいの偏差値をさまよっている場合、「調子が悪かったから」「苦手な問題ばかり出てしまったから」では、済ますことができません。

よく言われるように、偏差値の計算は、その時々の平均点が「偏差値50」となるような計算式をもとにして行われます。さらに、自分の偏差値が五十であれば、それは、全受験者のちょうど真ん中にいることを意味し、五十より高い数値になるほど、自分より「デキる」集団の人数が少ないことを、五十より低い数値になるほど、その人数が多いということを表しています[10]（図6参照）。

つまり、毎回の模試で、四十台にとどくかとどかないかの偏差値しか出せないということは、いつも平均点を取ることが出来ていないというだけでなく、**「もっとデキる子どもたち」が厚い層として存在している**ことを物語っているのです。

一方、各学校の偏差値というのは、あくまで一つの目安に過ぎません。例えば、ある学校の偏差値が五十五だったとして、それは、「平均して五十五ぐらいの偏差値が取れている子どもであれば、合格の可能性が高いよ」ということであって、受験本番での合格者の偏差値平均は、若干の変動を見せる可能性があります。

しかし、目安に過ぎないとは言っても、偏差値四十台にとどくかとどかないかの成績しか取ったことのない子どもが、「偏差値六十」とされる学校に受かる可能性が非常に低いのは、

10　偏差値は、平均点付近の得点者が最も多いという「正規分布」を前提としているため、高得点者と低得点者に二極化しているような場合、個人の全体での位置が正確に表せないという問題がある。しかし、このことをもって、四十台にとどくかとどかないかの偏差値の子どもの上に、「もっとデキる子どもたち」の層が存在しているということを否定することはできない。

400点満点で平均点240点のテストで185点を取り、
偏差値38ということは……

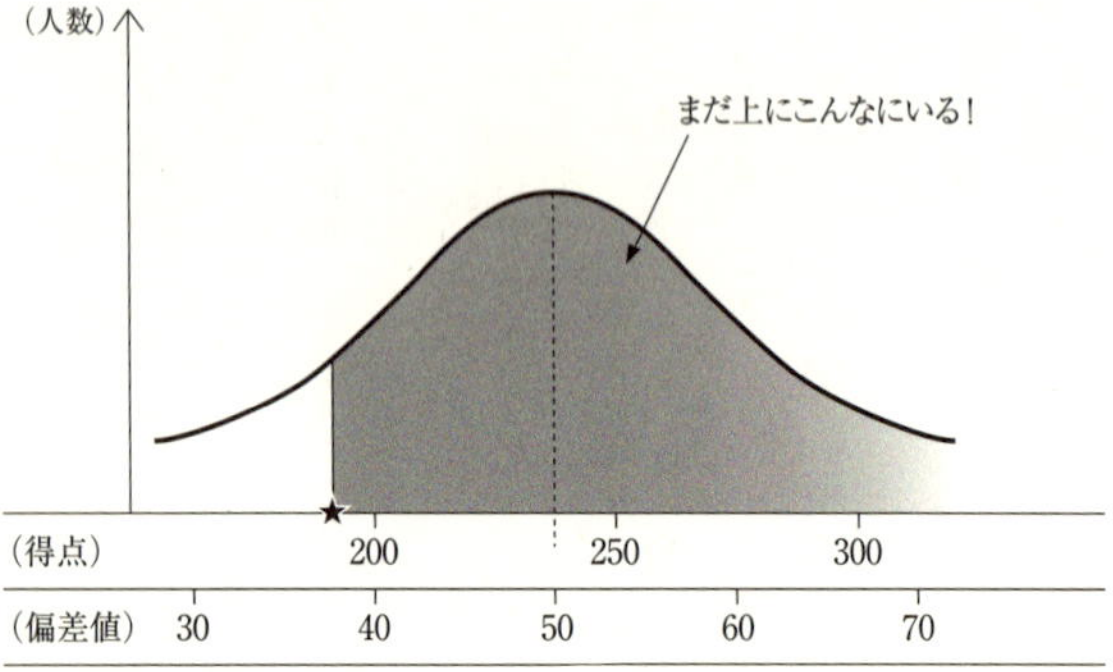

同じテストで315点を取り、
偏差値68ということは……

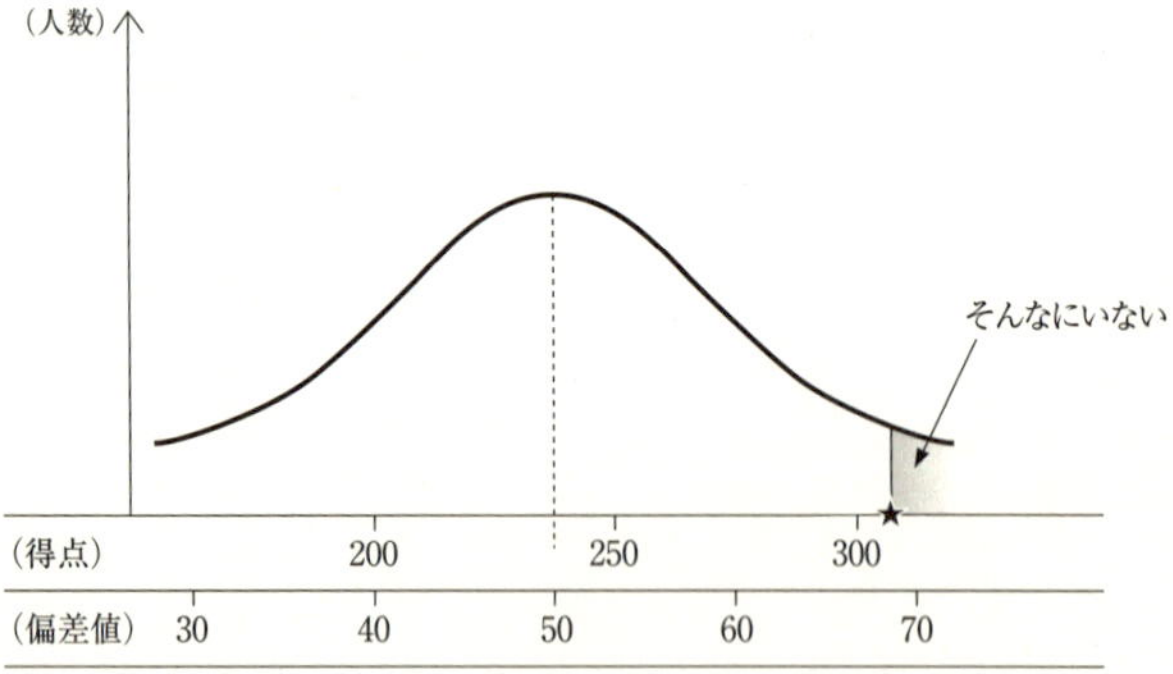

図6

確かなことです。

何故でしょうか？

それは、偏差値六十の学校が、先ほど書いたような「もっとデキる子どもたち」も受けにくる学校だからです。

たとえ偏差値が三十台でも、他に受験者が一人もいなかったり、「もっとデキる」はずの子どもたちが、全員インフルエンザで力を出しきることができなかったりすれば、偏差値六十の学校に合格できるかも知れません。しかし、現実にそんなことはありえないだけに、「もっとデキる」層とバッティングするような学校は、避けた方が賢明。どうしても受験したいと言うのであれば、それが不合格可能性の高い選択であることぐらい、自覚しておかなければなりません。

奇跡はめったに起こらない

しかし、偏差値が真実を語るとは言っても、模試での偏差値とかけ離れた学校を受験した子どもが、絶対に不合格になるというわけではありません。塾や家庭教師会社の広告で強調されるように、数値的には不合格確実と思われた学校に受かるケースも、少ないながら、毎年確実に存在しています。

こうした「奇跡」のイメージは、第一志望にこだわるツカレ親がしばしば拠り所とするものなのですが、ツカレ親が見落としているのは、中学受験の「奇跡」が、何かしら必然的な理由によって生じるものであるということです。

ここで、偏差値の足りていない学校を受験し、見事合格を果たしたケースをご紹介しましょう。

二〇〇六年の入試で、偏差値六十台を一度も出したことのなかった生徒が、御三家に準ずる某難関中学（66）に合格しました。ここでは仮に、Z中学とU太君として、話を進めたいと思います。

U太君の苦手教科は算数。とは言え、算数全般が苦手というわけでもなく、年齢算やつるかめ算のように、ある程度解き方をマスターしていないと解けない文章題に弱い半面、数列の規則性を見つけたり、複雑な図形の面積を工夫して求めるといった「ひらめき」系の問題には強く、模試でも、その手の問題だけは、いつも完璧に解答できていました。

偏差値はと言うと、国語と理社は六十台前半で安定を見せているのに、算数に足を引っ張られ、四教科平均ではいつも五十台半ば。これは、受験直前の模試まで、変わることのなかった数字です。

思うように弱点克服ができないまま小六の冬に突入した時、当初麻布にこだわっていたお父さんが、急遽、Z中学を推してきました。Z中学の算数は、U太君が得意とする「ひらめき」系の出題が多いため、他校よりは有利でないかと言うのです。

偏差値的には狙えそうにありませんでしたが、過去問を解かせると、四教科とも平均して六割以上得点できていたため、だめもとで受験したところ、受験初日にして、合格を勝ち取ることができたというわけです。

本人の話では、算数の数列問題がすらすら解けただけでなく、社会でも得意なところばかり出題され、予想以上の手ごたえを感じたということでした。

このように、中学受験の奇跡は、**そこそこの学力に達している子どもが、模試では測れないような得意分野を持っており、その得意分野と志望校の出題傾向が重なった時に起こる場合がほとんど**です。偶然や運といった要素があるのは確かですが、不思議なパワーが働いて、**いつもできない問題が突如として解けるようになるというような奇跡は、決して起こりえない**のです。

基本問題すら危うい学力で、「これだけは自信がある」という得意分野もないようであれば、奇跡など期待しない方がいいでしょう。

はるかなる「滑り止め」

結局のところ、第一志望でどんな高望みをしても、第二志望や第三志望がしっかりとした滑り止めの役割を果たせば、それで何も問題はありません。一番行きたかった（行かせたかった）学校に入れなかった悔しさは残るにしても、中学受験の目標は、とりあえず達成されたことになるでしょう。

ツカレ親の一番困ったところは、**受験校全てに、子供の学力より上の学校を持ってくる**ところです。

エピソード4で登場したG子ちゃんのお母さんのように、第一志望校のレベルに合わせて他の受験校を決めるツカレ親が、いかに多いことか。本来「滑り止め」となるはずの第三志望までが「チャレンジ校」になってしまっており、その危うさに気づかないまま最後まで暴走して、「志望校全滅」となるのです。

第一志望の偏差値が六十九だから、滑り止めは六十台前半ぐらいというのは、子どもの偏差値が平均して六十台半ばぐらいにつけている限り、妥当な選択と言えます。しかし、平均して四十台、場合によっては三十台に落ち込むこともあるとなると、話は別。先ほど書いたような各学校の出題傾向と子どもの相性を加味して考えても、六十台前半の学校では、滑り止めの役割を果たしてくれません。

滑り止めを決定する際の基準は、あくまで子どもの学力のレベルです。

平均的な学力が身についていない以上、いざという時の保険として受ける滑り止めが低いレベルの学校になってしまうのは仕方ありませんし、それがいやだというのであれば、一般の公立中学に行く他ないでしょう。

名の知れた上位校を目指してがんばってきただけに、聞いたことのない中堅以下の学校を受験することに抵抗を感じるというのも分かりますが、あくまで中高一貫校にこだわるなら、子どもの学力に見合う学校を滑り止めにする以外、選択肢は残されていないのです。

ツカレ親が、滑り止めにならない学校を「滑り止め」に選んでしまう際の心理には、**有名校のために努力してきたのだからというプライドに加え、「本命校に比べ倍率が低い」ということによる安心感のようなものも働いている**と考えられます。

「あそこの学校は、そこまで人気ないから大丈夫」

というのは、無謀な「滑り止め」設定を指摘されたツカレ親が、よく口にする言葉です。

しかし、本当に大丈夫なのでしょうか？

確かに、競争率が四倍を超える学校に比べ、二倍、三倍の学校の方が入りやすいというのは、その通りです。が、ここで見落とすべきでないのは、仮に競争率が三倍だったとして、三人に二人は落ちるということ。受験者が二百人いれば、下から百三十人近くに不合格通知が届くということです。

前にも書いたように、学力に見合わない学校を受験すると、自分より上位の集団との勝負が避けられません。そうなると、試験で高得点をおさめる上位層におされ、全受験者の中で低い順位にしかつくことができませんから、高倍率でなくとも、結局不合格になってしまいます。

要するに、倍率が一倍近く、つまり定員割れギリギリで、**受験者全員が合格できるような学校でない限り、「倍率が高くないから大丈夫」などということは言えない**のです。

6、受験産業のカモとしてのツカレ親

消費者意識の低さ

ここで、ツカレ親たちが、受験産業にどれだけの投資をしているのか、少し具体的な話をしましょう。

第一章でご紹介したエピソード7のJ宏君の場合、週三日通っていた大手塾の月謝が約三万八千円、個別指導塾（週二回）の月謝が約四万三千円。[11]この他、一回あたり二時間指導の家庭教師が週五回入っており、こちらは一時間の指導料が七千円[12]でしたから、一週間あたり七万円。一カ月で、約三十六万千円の投資をしていた計算になります（図7参照）。

一方、エピソード9で登場したS行君の場合、一時間の指導料が九千円の国語家庭教師と八千円の算数家庭教師である私が、それぞれ一回二時間で週二回入っていましたから、それだけで一週間に六万八千円。一カ月に換算すると二十七万二千円かかっており（図7参照）、面接対策だの何だのでついていた家庭教師の指導料を入れると、三十万は超えていたと思います。

どちらも決して安いとは言えない金額ですが、ツカレ親たちを見ていて驚かされるのは、

11　千円未満は全て切り捨てとした。
12　このうち家庭教師の収入になるのは、五割から七割。残りは全て、家庭教師会社に「搾取」されてしまう。

受験産業の人間がすすめた通り、次から次へと授業のコマを追加してしまうことです。

エピソード9のM美ちゃんのお母さんのようなクレーマータイプの親は、ツカレ親の中でも、特に自己主張が強く、塾や家庭教師を振り回す存在と言えます。しかし、この手のツカレ親も、「言えば何とかしてくれる」という依存の気持ちがあるからこそ、そうした行動に出ているのであって、授業追加の提案には意外と素直に応じ、その後再びクレームをつけるというのが、お決まりのパターンです。

受験産業の人間が、**常に利益優先で授業追加をすすめているとは限りません**。弱点強化のため、本当に集中特訓が必要な場合もあるでしょうし、週一回ではどうにも指導が進まないため、週二回への変更をすすめるようなこともあると思います。

しかし、エピソード9の初めにも書いたように、塾の講師や家庭教師が、あくまで「商売」として受験生を教えており、**彼らの「アドバイス」が「セールストーク」であるかも知れない**ということは、常にしっかり肝に銘じておく必要があります。

デパートで服を買おうか迷っている時、店員は「とてもお似合いですよ。人気商品で最後の一点ですから、次にいらしていただいた時には売れてしまっているかも知れません」などと言って、購入をすすめてきます。エステサロンでも「この保湿パックのコースは私も体験

エピソード7のＪ宏君の家庭の出費

大手塾月謝	3万8000円
個別指導月謝	4万3000円
＋）家庭教師	7000円／時×2×5＝7万円／週×4＝28万円
1カ月合計	36万1000円

エピソード9のＳ行君の家庭の出費

家庭教師(国)	9000円／時×2×2＝3万6000円／週×4＝14万4000円
＋）家庭教師(算)	8000円／時×2×2＝3万2000円／週×4＝12万8000円
1カ月合計	27万2000円

図7

しましたが、見違えるほど肌がしっとりして、本当におすすめなんですよ」というような語り口で、契約を迫ることがあります。

しかし、そう言われたからといって、購入・契約をしなければいけないわけではありませんし、実際、話半分に聞いて適当に断る人の方が多いはずです。

受験産業の人間が授業追加をすすめる言葉は、質的に言って、こうしたセールストークと何も変わりありません。にもかかわらず、ツカレ親たちがそれを真に受け、言うなりになってしまうのは、どうしてなのでしょうか？

塾や家庭教師会社と親の関係は、一般的な営業と客の関係に比べ、互いの立場が不明瞭です。親たちは、授業料を支払っているという点で、客であることに変わりありませんが、その一方で、教えを請《こ》う側でもあります。そのため、新たな授業追加の提案も、**「お客様」への「セールストーク」なのか、「生徒の保護者」に対する「アドバイス」なのかが非常に曖昧**で、「買うか」「買わないか」の判断力が鈍るのではないでしょうか？

基本的に、何かを売っている人間は、商品を買わせる方向で話をすすめるもの。それが仕事なのですから、「買っても意味ないですよ」などと言うわけはないのです。

塾や家庭教師会社などの「教育」に関する産業も、慈善事業ではありません。受験指導というサービスを売り物にしている以上、その例外でないということを忘れないで下さい。

「落ちます」とは言えない、言わない

私は、ある家庭教師会社の研修で、次のような指導を受けたことがあります。

「中学受験は、どこの家庭も無理めな学校を狙うものだから、あまり現実的なことを言わないように」

この会社に限らず、中学受験業界には、**直視しないと最悪の結果を招くような深刻な現実を指摘しない、指摘できない体質**があるように思います。こうした傾向は、**塾業界に比べ、**

家庭教師業界に顕著だというのが私の印象ですが、塾の中でも、ローカルな場所にあって生徒確保に苦戦しているような大手塾の教室、クレーマータイプの親への対応マニュアルを持っていない中小の塾などには、当てはまるのではないでしょうか？

本章の5で書いたように、ツカレ親には、全志望校を子どもの学力に見合わない学校で固め、成績が伸び悩んだままでも、絶対にそれを動かさないという頑《かたく》なさがあります。全志望校が学力に見合っていないということは、それだけ「全滅」の可能性が高いということ。最悪の事態を避けるためには、誰かが、志望校設定の無謀さを説明しなければなりません。

しかし、家庭教師会社や先ほど述べたような特徴のある塾の人間が、その危険性をはっきりと指摘することはまれで、せいぜい「もう一校ぐらい受けてみませんか？」と、レベルの低い学校をすすめるぐらいです。

受験産業の人間がこうした弱気な対応しかできないのは、**ツカレ親を怒らせるのが怖いから**です。エピソード5のH磨君のお母さんがそうだったように、子どもの「デキなさ」を言葉にして指摘することで、ツカレ親がキレるのは目に見えていますし、下手をすれば、「授業料を返せ」「責任を取れ」という事態に発展してしまいます。

ツカレ親は、キレた時のエネルギーがすさまじいだけに、極力刺激することを避け、何とかどこかの学校に引っかかってくれるよう祈るという消極的対応になってしまうのは、仕方ないことなのかも知れません。

しかし、一方で、現実には受かるはずのない難関校合格の甘い夢を見せ、塾や家庭教師への投資を迫るという営業テクニックがまかり通っているのも、この業界の否定できない現実の一つです。第一章のエピソード9で登場したO戸のようなケースは一握りと思いたいところですが、似たような話は、しばしば耳にすることがあります。

たとえば、小六の十一月の模試で、四教科の平均偏差値が三十台だったある男の子は、塾と家庭教師の二足の草鞋《わらじ》はどうにもつらいということで、冬期講習を受講しないことを選択しました。その旨を伝えるため、母親が塾に電話したところ、塾の職員は、次のような言葉で説得を始めたと言います。

「ということは、第一志望の暁星はあきらめるということなんですね？　冬期講習では、入試の得点に直結するような問題ばかり解いていきます。今の調子で勉強を続けて冬期講習を受講すれば、もっと学力は伸びると思いますが、その線はもう考えないということで、よろしいんですね？」

暁星中学は、偏差値五十台後半の準進学校。受験産業の人間なら、この子どもが冬期講習に参加したところで、暁星合格の可能性が非常に低いということぐらい分かるはずです。母親の電話対応にあたった塾の職員は、**冬期講習の生徒確保のため、親心を刺激するようなことを言ったとしか考えられません。**

こうした例からも分かるように、「もう少しで必ず結果が出ます」「第一志望合格も夢ではありません」といった言葉は、塾や家庭教師会社の利益を上げるための完全な嘘であることも、少なくないのです。

現在、中学受験業界が、こうした問題にどれだけ意識的に取り組んでいるのか、そもそもそれを問題として認識しているのかどうかは不明です。企業というものが追求するのは、あくまで利益であって、モラルではないと言われてしまえば、それまでという気もします。

結局、親の側が賢くなるしかないのかも知れません。

章末こぼれ話　その2

中高一貫校にも、淫行教師、いじめや学級崩壊といった問題は存在する。

二〇〇八年、埼玉のD中学では、教師による学校内での盗撮が発覚し、東京都板橋区のN中学では、援助交際をしていた教師が懲戒免職となった。東京都千代田区にあるS中学は、インターネット掲示板「掲示板2ちゃんねるでわが子が実名での中傷を繰り返されている旨相談してきた保護者に対し、「掲示板をチェックしていられるほど暇ではないので、一つひとつ対応していられない」との回答を示したという。

これらは氷山の一角に過ぎず、淫行教師にしてもいじめにしても、今や、公立・私立の別を問わず、一定の条件さえそろえば起こりうる問題になってしまった。

しかし、こうした学校側の問題以上に深刻なのは、親たちのモラル崩壊である。

教師の授業方針の改善を求め、自主的に「父兄参観日」を設けて登校してくる父親、慶応大学の指定校推薦がないのは問題であると怒鳴りこむ母親、娘の美白のため、体育の授業を屋外で行わないよう申し入れる母親。モンスターペアレンツは、中高一貫校にもしっかり生息している。

中高一貫校のモンスターペアレンツに特有なのは、何かにつけて「お金を払っているのだから主張すべきことを主張するのは当然」という態度をあからさまに示すことだ。彼らには、「入れていただいた」という意識など微塵《みじん》もない。

中高一貫校の学校説明会に行くと、聞えよがしにその学校の文句を口にしている親や、大学進学状況について執拗に教師を問い詰める親を見かけるが、こうした親こそ、モンスターペアレンツ予備群なのだろう。

第三章　対策編——志望校全滅を避けるために

1、あなたにその覚悟があるのか

メリットばかりではない中学受験

本章には、受験産業に大金を投資した挙句、どこにも受からなかったという悲劇を避けるため、いくつかのポイントをまとめました。

ということは、暗黙のうちに「中学受験をする」という方向で話を進めていることになるのですが、一たび中学受験を志した以上、「やっぱりやめる」という選択肢を選ぶのはおかしい、などというつもりはありません。

中学受験をめぐっては、雑誌や受験指南本で強調されるようなメリットの一方で、確実にデメリットも存在しています。

何よりのデメリットは、**合格を信じて投資した時間とお金が、不合格の瞬間、意味のないものになってしまう**ことでしょう。

「それは結果論でしかない」「たとえ不合格に終わっても、中学受験勉強を通して学んだことは無駄にならないはずだ」といった声が聞こえてきそうですが、問題は、多くの親が、時間とお金をつぎこめば合格できるという考えで投資していること。つまり、不合格の可能性があるということを受け入れないまま、合格を買うような気持ちで時間やお金を使っていることです。

そうである以上、結果の出せなかった受験に投資した時間もお金も、本人たちにとっては、ハズレ馬券のようなものでしかないということになります。

「何に時間とお金をかけてきたんでしょうか?」

「どこも受からなかったんだから、授業料返して下さい」

志望校全滅となった時に、中学受験生の親が口にするこれらの言葉は、莫大な時間とお金を彼らがどんな感覚で投資してきたかを、そのままに物語っていると言えます。

子どもの精神や家族関係への悪影響

こうした時間的・金銭的「損失」に加え、さらに深刻なのは、中学受験が子どもの精神や家族関係に及ぼす悪影響です。

二〇〇八年二月十八日号の『アエラ』に掲載された「不合格者数も『過去最高』――首都

圏初の受験者六万人超」という記事は、中学受験に失敗した子どもの指導経験を持つ公立中学校校長の声を紹介していますが、そこには、「自分は親の期待に応えられなかったという気持ちから、生活が荒《すさ》んでいくというパターンが多いですね。成長期で体力的にも伸びる時期だし、爆発したらもう止められませんよ」「小さい頃からたくさんの習い事をやらされ、塾にも行かされている。疲れきっていて学力もなかなか伸びません。トップ層は私立中に進むが、**不合格者の受け皿となる公立中は、教育というより福祉の場のようだ**」など、現場の切実さを伝える言葉がならんでいます。

子どもの精神が荒廃するのは、受験が終わった後とは限りません。

なかなか成績の上がらない子どもは、鬱屈した思いを抱えながら、日々の超過密スケジュールをこなしています。努力しているつもりなのになかなか結果が現れず、一方の「デキる」子どもを目《ま》の当たりにしていれば、ストレスやコンプレックスが増大するのは当たり前。その結果、些細なことでキレる、親を恨む、自分より低い成績の子どもを見下す、「人生なんて」というニヒリズムを気取るなど、荒んだ精神状態に陥るのです。

一方、中学受験が家族関係に及ぼす影響にも、深刻なものがあります。

二〇〇八年三月十三日号の『週刊文春』は、「受験雑誌の言う通りなんか出来ないわよ！」

と題し、上位校合格者の母親による座談会の模様を伝えているのですが、そこには「知り合いのお子さんなど、中学生になって自我が出てきて、『受験などしたくなかった』と親を恨みだした」「受験離婚も珍しくないですよ。友人夫婦は、娘さんの中学受験の失敗から、お互いに責め合って離婚してしまった。そしたら、娘さんが非行に走って、十三歳から家出を繰り返しています」など、なかなかショッキングな後日談を見ることができます。

私が関わりを持った家庭で、受験離婚に至ったケースはまだありませんが、中学受験の方針をめぐって夫婦間で対立が起きることは多く、塾の授業を増やすことに反対した母親に、**父親が殴る蹴るのＤＶ（ドメスティック・バイオレンス）を加えていた**ケースは、経験したことがあります。

また、エピソード８で登場したＫ良君の両親の場合、直接的なけんかに発展することが少ないかわりに、家庭内冷戦のような状況に陥っていました。

もっとも、中学受験のストレスがもとで、子どもの精神状態が荒んだり、夫婦関係が悪化したりするケースがあるからと言って、**中学受験そのものが悪いということにはならないで**しょう。

というのも、こうしたケースの一番の原因は、子どもの性格やそれまでの夫婦関係にあるのであって、中学受験は、引き金としての役割を果たしているに過ぎないからです。

また、多くの人間が、生きていく中で、様々な挫折や劣等感に直面するものである以上、子どもに「心の闇」を抱え込ませたくないという理由で中学受験を見送るのは、問題の先延ばしに過ぎないと言うこともできます。

私がここで言いたいのは、中学受験そのものが不幸の生産装置になっているということではなく、**中学受験をさせる以上、そこに伴われているマイナスの可能性に意識的でなければならない**ということです。

「有名大学進学」「エリートへの近道」といった中学受験のプラスの面にばかり目を向けていると、子どもの成績が思うように伸びなかった時、親自らが子どもを追い込んだり、夫婦同士で責任のなすりつけ合いをするといった事態になりかねません。

中学受験にともなう様々なデメリットを理解した上で、最後の最後まで望ましい結果が出なくても、それを一つの現実として受け入れる覚悟ができていないなら、最初から中学受験などしないことをおすすめします。

中堅以下の学校の「良さ」は未知数

中学受験そのものをめぐってもう一つ書いておかなければならないのは、中堅よりさらに下の学校の「良さ」が、限りなく未知数であるということです。

子どもの偏差値が三十台、四十台をさまよっている状況で、一般の公立中学には絶対に進学させたくないとなると、志望校のレベルを下げる他ありません。玉砕覚悟で上位校に臨むということであれば、話も変わってきますが、中高一貫校でないと困るとなると、現実的に合格が考えられる学校を受験する以外、解決策が残されていないからです。

しかし、**中高一貫校ならば、本当に、どこでも「良い」のでしょうか？**

中高一貫校の「良さ」を強調するものの多くが、偏差値五十以上の学校を念頭に置いている一方で、準中堅と呼ぶことも難しい偏差値三十台の中高一貫校は、公立に比べて格段に「良い」と言えるだけの要素を、それほど多くは持ち合わせていません。

偏差値三十台の学校から志望校を見つけようとする時、多くの親は、各学校の大学合格実績を判断材料にしているようです。ツカレ親たちの大学合格実績へのこだわりについては、すでに第二章で書いた通りですが、こうした傾向を受け、昨今の雑誌では、「お買い得校」「バリュー校」の特集が組まれています。

たとえば、二〇〇七年十二月号の『プレジデントファミリー』は、「偏差値五十以下　全

学校名	東大・京大	早慶上智	関関同立	卒業生数
暁星	11名 (6.3%)	119名 (68.4%)	6名 (3.4%)	174名
立正	0名	6名 (2.8%)	0名	212名
明星	0名	3名 (1.5%)	1名 (0.5%)	202名

図8　「バリュー校」の2007年大学合格実績

国お買い得私立中学二百校」と題し、「入試難易度という名の『初期投資額』を低く抑えながら、有力大学への進学という高いリターンを期待できる学校」を「バリュー校」として紹介していました。同記事では、二〇〇七年の大学入試で、それぞれの中高一貫校から「東大京大」「国公立医学部」「早慶上智」「関関同立」[1]に何名の合格者が出たかが示されており、卒業生数百七十四名で、東大・京大に十一名、早慶上智に百十九名の合格者を出している暁星中学（59）など（図8参照）、なるほど優秀な学校なのだろうとうなづかされます。[2]

　しかし、そこで紹介されている偏差値三十台から四十台の学校には、大学合格実績を判断基準にする限りで、それほど価値があるのかと首をひねりたくなるものも、少なくありません。

　たとえば、卒業生数二百十二名の立正中学（33）の場合、早慶上智に六名の合格者を出しており、これは全校生徒の二・八パーセントにあたるとのこと。また、卒業生数二百二名の明星学園中学（35）は、早慶上智に三名（一・五％）、関関同立に一名（〇・五％）の合格者を出しているそうです（図8参照）。

こうした数字を見る際に気をつけなければならないのは、**同じ一人の生徒が早慶の両方に合格している場合、あるいは慶応大学の法学部と文学部に合格しているような場合、いずれも「二名」とカウントされる**ことです。

この点を考慮に入れると、五名、三名という数字が、現実には、二名であったり一名であったりする可能性は否定できませんし、そもそも、二百名を超える生徒のわずか四、五名が有名大学に進学していると言うだけで、「うちの子も早稲田や慶応に入れるかも」と飛びつくことには、疑問を感じます。

また、章末こぼれ話1で紹介したケースは極端な例であるにしても、今や、底辺の中高一

1　関西大学（大阪）・関西学院大学（兵庫）・同志社（京都）・立命館（京都）のこと。関東の人間には、あまりなじみがない。

2　もっとも、偏差値五十九を「難易度が低い」と感じる人は、それほど多くないだろう。ちなみに、ここでの偏差値は、『プレジデントファミリー』に書かれていたデータをそのまま転載したもので、二〇〇七年七月に行なわれた四谷大塚の第二回合不合判定予備テストに基づいているとのことである。

貫校は、あの手この手で「頭のいい子」の囲いこみを行っています。そうなってくると、仮に東大合格者が出ていたとしても、それがその学校の教育のたまものであるかは、分からないのです。

底辺の中高一貫校の中に、教育改革や特進クラスの設置といった「革新」を遂《と》げた学校があることは否定できません。そうした努力によって大学進学状況を向上させた学校があることもまた事実であり、そのことは評価されるべきでしょう。

しかし、先ほども書いたように、一握りの生徒が有名大に進学している一方で、**その他大勢の生徒は、無名大か専門学校に進学しているという現実**に目を向けておかないと、いざ入学して何年か経った時、「思っていたのと違う」ということになりかねません。

反発を承知で言ってしまえば、こうした底辺校の中には、とても勉強に励むような雰囲気でないところもありますから、ひとまず、「中高一貫校が良い」という先入観は捨て、校風や教育理念に共感できる学校がなければ、公立中学に進んでみてもいいのではないでしょうか？

考えようによっては、あえて公立中学に進み、無理のないスケジュールで勉強の基本を身につけた方が、底辺の中高一貫校より充実した環境の高校に入れるかも知れないのです。

次の節では、中学受験に費やした時間とお金を無駄にしないための一つの方法として、志望校レベルを下げることを提案します。しかし、これは、あくまでも中高一貫校進学にこだわるならということであって、それが、あらゆる選択肢の中で最良のものとは限らないということを忘れないで下さい。

2、志望校は、あきらめとともに選ぶ

プラス思考もほどほどに

世間的には、ネガティブよりもポジティブ、マイナス思考よりもプラス思考がいいということになっているようです。

確かに、四六時中どんよりとした雰囲気を漂わせ、口を開けば愚痴《ぐち》ばかりこぼすような人といては、こちらの気が滅入ってきそうですし、物事の否定的側面にばかり目を向けていては、うまくいくものもうまくいかなくなるというのも、その通りでしょう。

しかし、ポジティブ・シンキング、プラス思考を実践すれば、何でもうまくいくかというと、決してそんなことはありません。

ここで、芥川賞作家・町田康氏の『おそれずにたちむかえ——テースト・オブ・苦虫5』（中央公論社、二〇〇七年）に収められた「ネガティブに考えます」というエッセイの一節をご紹介しましょう。

世の中の不幸と悲惨の大部分はこのような、根拠のない楽観的な見通し、に原因があり、ソ満国境で関東軍が大敗を喫したのも先物取引で大損をするのもケーキを焼いて失敗するのもすべてこの楽観的な見通しが原因である。ということは失敗しないためにはどうしたらよいかというと、すべてにおいて悲観的な見方をすればよいのである。

（同書、五二頁）

このエッセイには、同氏の持ち味である辛口のユーモアがこめられているため、その点を加味して読んでいただければと思いますが、ここで言われているように、プラス思考というものは、一定の条件がそろっていて初めて意味を持つのであって、それが「根拠のない楽観的な見通し」である限り、失敗を呼び込む原因にしかならないものです。

ポジティブ・シンキングの重要性が強調される際、イメージトレーニングを欠かさないトップアスリートの話が持ち出されることがあります。

ビジネスマンの中には、自らをアスリートになぞらえ、こうしたトレーニングに励む人もあるようですが、肝に銘じておかなければならないのは、多くのトップアスリートが、肉体と精神のトレーニングに日々励んでいるだけでなく、世界選手権で常に上位にランキングしているとか、かつて世界記録を出したことがあるなど、何かしら自分を信じるに足る肯定的要素を持っているということ。ただやみくもに自分を信じ、成功する姿を思い描いているわけではないということです。

基礎的な学力が完成されていない状況で、偏差値が十も二十も上の学校を狙うというのは、地区予選ですら予選落ちを繰り返している人が、いきなりオリンピックの金メダルを目指すようなものであって、全く現実味がありません。

子どもの中に眠っている才能を信じるにしても、その才能を裏付けるものが何一つなく、残された時間もわずかしかないとなると、本気で合格を信じるのは、ポジティブでもプラスでもない「馬鹿」ということになってしまいます。

ここで、残された時間がわずかということは、重要なポイントの一つです。第二章で、もともとの能力差や教養の差ということについて書きましたが、この「差」は、努力によって、

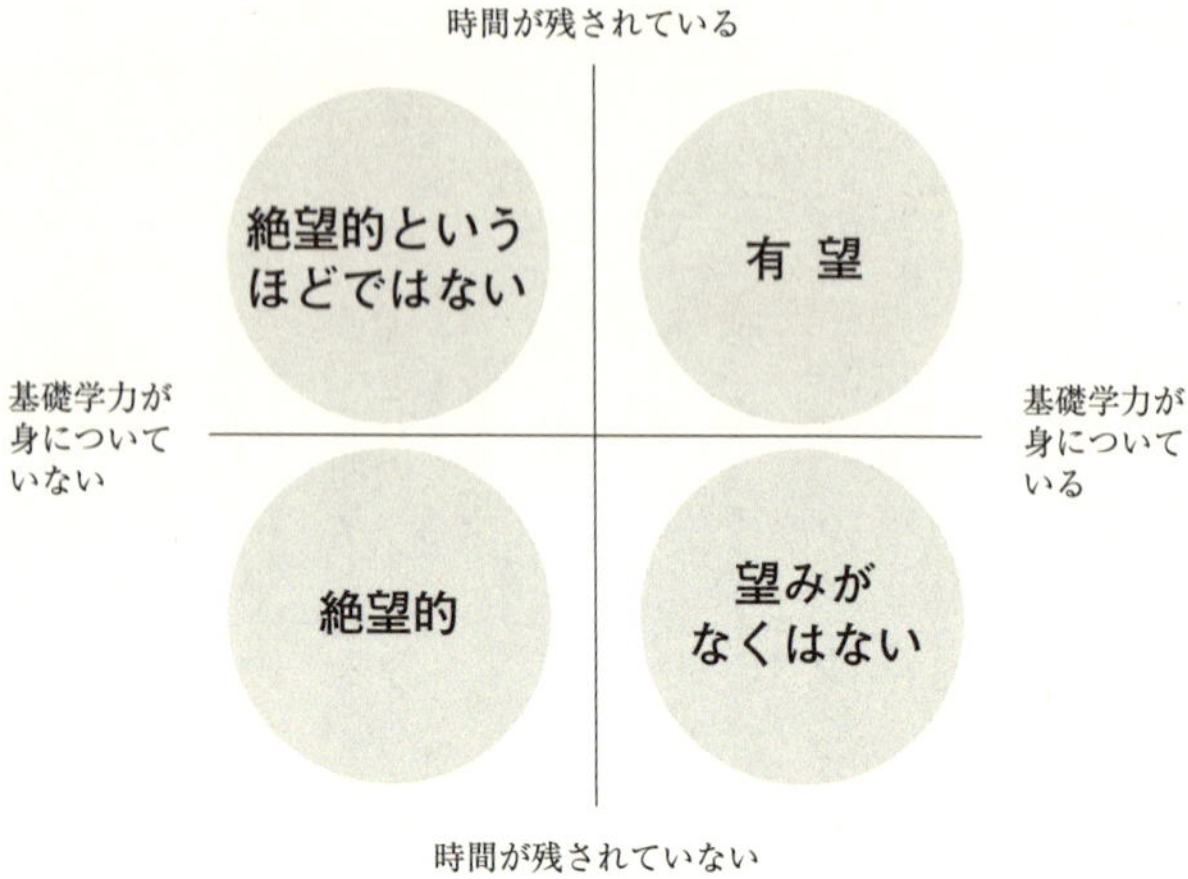

図9

ある程度埋めることのできるものです。しかし、**時間が残されていないということは、十分な努力を重ねることができない**ということで、現状のまま受験本番となる可能性が、非常に高いと言えます（図9参照）。

たとえば、理科の天体が苦手でなかなか克服できない、国語の長文記述でのミスが目立つ、と言うように、基礎的な学力が完成された上で、特定教科や特定分野に手こずっている場合、短期間のがんばりで、志望校に到達することも可能です。

しかし、現時点で、基礎学力が完成されていることを証明する客観的なデータが何もなく、努力にあてられる時間もないとなれば、この現実をもっとネガティブにとらえなければなりません。

子どもを信じることも大切ですが、客観的な目を持って、子どもに危険な綱渡りをさせないようにすることも親の役目。小六の秋を過ぎて、子どもの偏差値が志望校から大きく隔たっているようであれば、目標そのものを再検討する必要があります。

志望校設定の落とし穴①――温情措置にも点数は必要

中学受験の志望校選択には、典型的ないくつかの落とし穴があります。

子どもの学力を基準にしない志望校設定の危険については、これまで繰り返し書いてきた通りですが、ここ数年で特に目につくようになってきたのが、学力不相応の学校を三日連続、四日連続で受験して、結局失敗となるケースです。

これは、中堅より下のレベルの学校を狙う層に見られるもので、**「連続受験」への温情措置を期待した結果、あえなく陥る落とし穴**です。

偏差値四十台前半ぐらいで、そこまで倍率の高くない学校は、繰り返し行われる入学試験を連続して受験した子どもに対し優遇措置を取る場合があることを、学校説明会等でにおわせることがあります。この温情措置によって、実際何人ぐらいの受験生が救済されているのかは不明ですが、趣旨としては、他校の滑り止めや「お試し受験」で受けに来る子どもより、「是非ともおたくの学校で学ばせたい」という熱意ある家庭の子どもを大切にしたいというもので、確実な生徒数確保[3]のための措置とも言えます。

ここで気をつけなければならないのは、**試験で全く得点できなければ、温情措置の対象になることはない**ということです。

あと何点かで合格できるはずの子どもが四日連続で受験しに来ていたとなれば、学校側も、温情で合格にすることがあるでしょう。しかし、三回、四回と受けた試験で、最下位に近い得点しかできなければ、当然、温情措置の対象として浮上することはありません。

この点を勘違いし、「温情」を信じて学力に見合わない学校を受け続けると、ただ不合格通知がたまっていくだけという悲惨な結末を迎えることになります。

結局、温情措置があろうとなかろうと、学力不相応な志望校設定が危険であることは、変わらないのです。

志望校設定の落とし穴②――過去問チェックを怠ったために……

さて、その一方で、子どもの学力を基準に志望校を選んだにもかかわらず、落とし穴にはまり込むこともあります。

これは、第二章の5でご紹介した逆転合格ケースの逆パターンとも言うべきもので、過去問チェックを怠ったために陥る落とし穴です。

第二章の逆転合格ケースは、志望校の問題傾向と子どもの得意分野がうまくマッチしたために起こった「奇跡」でしたが、ということは、当然その逆も起こることがあります。

「国語の記号選択問題は比較的得意なのに、長文の記述問題ばかり出題された」「弱点教科の理科の模試では、暗記勝負の知識問題を中心に得点してきたのに、グラフの読み取りや計算を使う問題がほとんどだった」というように、志望校の問題傾向が得意分野と正反対であることを知らずに試験に臨むと、会場でパニックになり、得意なところでまで失点してしまいます。

そうなると、実力を出し切ることができませんから、偏差値的には十分合格できたはずの学校でも、不合格になるという事態が発生するのです。

3　滑り止め・お試し受験で受けに来る層は、他校の合格でごっそり抜ける可能性が高いため、学校側も、そのことを見越し、入学確実な子どもに合格を出しておかなければならない。

どんな中学受験生でも、第一志望校の過去問を解いていないということは、まずありません。最も多いのは、第二志望や滑り止めの学校に偏差値が足りていることで安心し、一度も過去問を確認しないまま受けに行って失敗、というパターンです。この場合、第一志望に受かっていれば問題ありませんが、そうでなければ、志望校全滅になってしまいます。

どこの学校を受けるにしても、それが第一志望であろうとなかろうと、大まかな出題傾向を踏まえておくことは、不可欠の作業です。第二章でも触れた通り、何回過去問を解いても得点できないようであれば、**偏差値に関係なく、目標そのものを再検討する必要があるでしょう。**

第一志望校へのこだわりを捨ててみては？

ところで、落とし穴とは言わないまでも、中学受験の志望校設定をめぐって、以前から疑問に感じていたことがあります。

それは、不合格確実の第一志望校を受験日程一日目に受け、あと一息で入れるかも知れない第二志望校を二日目や三日目に持ってくるという受験日程の立て方なのですが、当初の第一志望校をあきらめ、**第二志望校を初日に受験する**という選択肢はないのでしょうか？

たとえば、子どもの偏差値が四十台後半で、A中学を第一志望、B中学を第二志望にしているとします。A中学の予想偏差値が六十台頭、B中学は、二月一日の入試では五十台半ば、二日の入試では五十台後半まで上がるとして、どうして「二月一日にA中学を受験する」ということにこだわるのかが、疑問なのです。

多くの中堅校は、受験日程後半になるほど、初日（二月一日）に上位校を受験してあと一歩で不合格となった層がなだれ込んでくるため、**一日の入試に比べ、競争が激しくなります。**[4]そのことが事前に分かっているなら、もはや不合格確実なA中学はあきらめ、初日にB中学を受験してはどうかと思うのですが、こうした選択ができる親は、非常に少ないように思います。

小四や小五の頃から第一志望校にあこがれを持ってがんばってきたのだから、今さらあき

4　サンデーショック（プロテスタント系の学校は、二月一日が日曜日に重なると、宗教上の伝統から、受験日を二月二日にずらす。これにより、受験生の併願状況や他校の受験日程に影響が出ること）や他の上位校の受験日の設定によって、二月一日よりも二日の方が入りやすい学校もあるので、一概には言えない。しかし、「ギリギリ受かるかも知れない学校」を受験する際、「いつ受験するか」が非常に重要なポイントだということは、忘れないでほしい。

らめたくないという気持ちはよく分かります。しかし、不合格の可能性が非常に高いという現実を直視できず、「まかり間違って受かるかも」などという淡い期待を持っているなら、それがどれだけ危うい賭けかということを踏まえた上で、もう一度、何が最善策かを考えてみてもいいのではないでしょうか？

「一日目に受けに行ってれば、きっと受かってたのに」

毎年二月五日頃になってこうしたぼやきをもらす親は、決して少なくありません。

3、いかに悪あがきするか

あきらめ力を発揮せよ！——這い上がり実例二話

志望校設定のみならず、受験本番まであとわずかという時期の学習計画を考える際も、あきらめが肝心だと言えます。

小六の夏休み前であればまだしも、小六の秋を過ぎて基本が身についていないような場合、全ての科目の全ての知識を網羅的に身につけることなど、完全に不可能。そうである以上、**捨てるべきことは捨て、おさえるべき最低限のことをおさえる**という方法に切りかえなければなりません。

ここで、偏差値四十前後から学習計画を立て直し、志望校全滅を何とか免《まぬが》れた二つのケースをご紹介しておきましょう。

【①小六の十一月で偏差値42、獨協埼玉（49）に合格したケース――二〇〇七年】

算数と国語も、決してできるわけではないが、理科と社会の知識がゼロに等しかったV仁君。どちらも偏差値は三十台で、平安京に都を移した天皇が「聖徳太子」だとか、塩酸とスチールウールが反応して発生する気体は「酸素」だとか、知識の整理が何一つできていない状況でした。

とにかく集中的に暗記をする時間が必要ということで、V仁君は、小六の十一月から、四科で受講していた塾を二科に減らし、週二回、理科と社会の家庭教師をつけるというスケジュールに切り替えました。

なんとか獨協埼玉に合格できたのは、最初歩に戻っての解説を受けただけでなく、解説してもらった知識は確実に暗記しようと、積極的な自習に取り組んだ結果と言えます。

ちなみに、偏差値四十台前半だった算数と国語に関しては、塾の授業時間内に与えられる問題だけはまじめに解き、解説もしっかり聞くという意識で取り組んでおり、家庭では、算数の基本問題と国語の漢字の練習をするだけで、精いっぱいだったようです。

【②小六の十一月で偏差値38、目黒星美（47）に合格したケース――二〇〇六年】

一方、暗記科目の知識はおぼろげながら頭に残っているものの、算数の解法がほとんど理解できていなかったというW乃ちゃん。文章題ばかりか、分数や少数の計算すらおぼつかず、算数単独の偏差値は三十三という低迷ぶりでした。

小六の夏明けぐらいから、W乃ちゃん本人が塾に行きたくないと言い出したとのことで、十月中旬には完全に塾をやめ、家庭教師による算数の猛特訓が始まりました。一回二時間半、週二回、家庭教師の解説を受けながら何度も同じ問題を解き直し、一月半ばには、何とか基本的な文章題で正解できるだけの学力がついてきました。

この間、家庭教師から出される算数の宿題に加え、社会と理科の一問一答式問題集に取り組んでいたのは、一つのポイントと言えます。特定教科の底上げのために塾をやめた時でも、家庭教師のついていない教科については、家庭で知識を確認するようにしないと、いざ苦手教科が克服された時、今度は他の教科ができなくなっているという事態になりかねないからです。

ちなみに、それでいいのかという声もあるでしょうが、W乃ちゃんは、一番の苦手教科だった国語はほとんど捨てており、毎日の漢字勉強以外、特に対策はしていませんでした。

これら二つの例に共通しているのは、受験までに**集中的に強化する科目をある程度しぼり込み、その他は現状維持に努めている**ということ、そして、人から習う時間をやみくもに増やすのではなく、家庭教師を増やした時は、その分、**塾の授業を削《けず》っている**ということです。

特に小四や小五から塾に通っている場合、他の子どもたちに追いつきたいという気持ちが強くなることは分かりますが、偏差値が三十台や四十台前半で低迷し続けているような場合、短期間で遅れを取り戻すというのは、不可能なことです。

そうである以上、塾の集団授業についていくことはひとまずあきらめ、得点に直結する知識の消化吸収に努めるのが得策ではないでしょうか？

余裕のないスケジュールは組まない――土壇場の家庭学習法

学習計画を見直す際の選択として最悪なのが、現状よりもさらに立て込んだスケジュールを組むというものです。

成績が伸び悩んでいると、塾も個別も家庭教師もと追加していくのがツカレ親の行動パターンでしたが、第二章で書いた通り、余裕のないスケジュールは、知識の消化吸収を妨げるだけで、逆効果にしかなりません。

ここで、次の「スケジュール無理度チェック」に挑戦してみて下さい。

これは、学習計画の「逆効果度合い」を測るためのもので、チェックの数が多いほど、忙しいだけで効果の期待できない学習計画ということになります。


【スケジュール無理度チェック】
□塾には週四日以上通っている
□塾の平日授業から帰った後は疲れているため、ほとんど勉強時間が取れない
□土日のどちらかあるいは両方に塾が入っており、午前中だけで終わらない
□すでに家庭教師をつけている
□塾と家庭教師の両方が入っている日、もしくは、家庭教師が二人以上来る日がある
□一週間で塾や家庭教師の入っていない日が二日以下だ

□塾や家庭教師の入っている日が四日以上連続している
□塾や家庭教師の宿題のため、就寝時刻が十二時近くになることが多い
□塾や家庭教師の宿題が終わらないことが多い
※偏差値五十以上をキープできていて、塾の集団授業に特に遅れを取っていない場合、
このチェックはあまり参考になりません

スケジュールに無理があるとなると、既《すで》に入ってしまっている予定のどれかしらを削るしかありません。その際、一週間で最も多くの時間を取られている塾の集団授業を減らす、もしくは止めてしまうのが一番だということは、これまで繰り返し書いてきました。

誤解がないように書いておきますが、私は、塾の授業に意味がないとか、塾より家庭教師がいいということを言いたいわけではありません。

大手塾の教材やカリキュラムは、長年の研究と情報の蓄積の上に完成されただけあって、質・量ともに、確かに充実しています。一方、家庭教師は塾よりお金がかかりますし、塾の講師に比べて当たり外れも激しいため、ついていけている限り、塾中心で勉強を進めていった方が良いでしょう。

しかし、塾の授業についていけなくなった場合、遅れを取った一人のために、集団授業が前に戻ってはくれないだけに、何か他の方法を探さなければならなくなります。

この時、必ずしも塾の授業全てをやめる必要はありませんし、家庭教師をつけなければならないというわけでもありません。特定の科目が伸び悩んでいる場合、先ほど登場したＶ仁君のように二科目にしぼって受講という方法もありますし、可能であれば、親が指導に当たるのでも十分です。

もっとも、中学受験の算数は、特殊な解法[6]を要求する問題が多く、指導経験がないと大人でも混乱することがありますから、親が指導するには、限界があると思います。算数に関しては、分かりやすい説明をしてくれる家庭教師に任せた方がいいかも知れません。

くどいようですが、**家庭教師がついたからといって、一度説明してもらった問題をそのままやりっ放しにしては、再び授業料をドブに捨てることになります。**分かったつもりになっていても、自主的な復習を心がけることを忘れないで下さい。

理科や社会の知識が身についていない場合、**家庭教師をつけなくても、家庭学習で十分カバーすることができます。**受験本番までにこれだけは終わらせる（つもり）という問題集を一冊決め、間違えたところ、覚え切れていなかったところを中心に暗記を進めていけば、それがそのまま、試験での得点源になります。

この時、解説が細か過ぎたり、掲載されている問題が難し過ぎるものは、おすすめできません。適度にまとまった解説と難しすぎない問題を収録している問題集としては、日能研教務部の編集で、みくに出版から刊行されている『メモリーチェック』シリーズ、旺文社の『応用自在』シリーズなど[7]を挙げることができます。

塾の教材をそのまま使うという手もありますが、何冊にも分かれていたり、別冊解答を回収されてしまっている場合が少なくないようなので、手ごろなものを購入するのが一番でしょう。

5　家庭教師の授業内容は、授業を受けている生徒本人にしか分からないため、塾の講師に比べ、指導の進め方や家庭教師本人の人格に問題があっても、露見する可能性が低い。実際、生徒の理解度を確認しないまま、独りよがりで一方的な「講義」を続ける者や、ほとんど授業をしないで雑談や説教ばかりしている者も少なくないらしい。

6　面積図や線分図を使って解く問題はその代表格。中学に入れば、xやyを使った方程式で解けるようになるのに、わざわざ図を描いて解くことの意義は、不明。

7　A4サイズで薄いものとB5サイズで辞書のような厚みのあるものが刊行されているが、知識の定着と確認のためには前者がおすすめ。

最後に問題なのが、国語の対策です。[8]

国語の読解力は、短期間で身につけることができません。「読解力がグングン上がる学習法」というようなものもあるようですが、文章の間違った読み癖がついていると、その矯正には、それなりの時間が必要になります。時間が限られている以上、**漢字や熟語といった知識の復習にとどめ、他の科目の学習に励んだ方が、間違いなく効率的です。**

本来長い時間をかけて行うはずの学力の積み重ねができていないのですから、受験に必要な勉強の全てをこなそうとすることには、無理があります。どんなに焦りを感じても、全てを終わらせようとするのではなく、一つでも多くの知識を吸収できればいいという姿勢で臨んで下さい。

絶対にやめさせるべきダメな勉強法

塾を変えても、家庭教師をつけても、自習時間をたっぷり取っても、一向に成績が伸びない子どもに限って、「それじゃあできるようにならないはずだよ」と思うような勉強法をしているものです。

次に挙げる四つの勉強法はその代表的なものですが、逆に言うと、こうした自己流の勉強法さえ改めれば、人並みのレベルまで学力を伸ばすことは、それほど難しいことではありません。

【① 間違った答えを消しゴムで消す】

自分の書いた答えが間違いだと分かった途端、その答えを消してしまう子どもがいます。これでは、自分がどこでつまずいたのか、何が分かっていなかったのか、後から確認することができません。

子どもにしてみれば、間違えてしまったことが恥ずかしいという思いがあるのでしょうが、**受験本番で正解できればいいんだということを分からせた上で、自分の答えに赤ペンで×をつけ、赤字で訂正をするくせをつけて下さい。**

8　国語の学習方法については、石原千秋『中学入試国語のルール』（講談社現代新書、二〇〇八年）と『秘伝　中学入試国語読解法』（新潮選書、一九九九年）がおすすめ。

【② そこらへんの紙で勉強する】

ルーズリーフやレポート用紙、広告の裏紙などで勉強するくせがついていると、後で確認したいと思った時にすぐ出てこなかったり、間違って捨ててしまっていたりということが起こりやすくなります。一度に何冊ものノートを使っている場合も同じで、どこに何を書いたかが分からなくなり、せっかくの解説や重要事項の確認ができなくなってしまいます。

算数や理科の細かい筆算には、裏紙などを使っても問題ありませんが、問題の答え（算数の場合は図や式も）と間違った箇所の訂正、塾や家庭教師の解説は、必ず一冊のノートに書くようにさせて下さい。

塾と家庭教師のノートを分ける、問題を解くノートと解説や重要事項を書くノートを分けるというような場合でも、ノートの表紙に「算数（塾）」「社会（説明用）」というように、何の科目の何のためのノートなのかを太字で書き、どこに何を書いたかが、いつでも分かるようにしておく必要があります。

【③ 算数の答えだけを書く】

算数ができない子どもには、問題文中に登場する数字を適当に組み合わせ、自分が何をしているのかよく分からないまま、答えを導き出そうとするくせがあります。

これは、どの問題にどの解法を使うかという基本的な知識が、全く身についていないために起こることです。

算数を一瞬のひらめきで解く教科のように言う人もあるようですが、[9] あるレベルに到達するまで、様々なパターンの問題の解法を「暗記」し、自分で問題を解く時にそれを再現するという意味で、**算数も、理科や社会のような暗記科目と、それほど大きく違ってはいません。**

そこで重要なのが、**答えを導き出すための図（線分図、面積図など）や途中式を、常にしっかり書くようにする**ことです。

算数が苦手な子どもには、この途中経過を省略し、答えの数字だけをノートに書く傾向があります。テキストの余白やノートの欄外に、図や式らしきものは見られるのですが、走り書きで判読できないものばかり。これでは、答えが違っていても、計算ミスが原因なのか、解き方が理解できていなかったのかが分からず、問題を解く意味がありません。

受験本番でも模擬試験でも、解答欄には答えのみを記入するようになっていますが、あれ

9　第二章の5で書いたように、高度な数列問題や図形問題では、確かにひらめきが必要と言えるが。

は、採点しやすいようにそうなっているのであって、ふだんの学習でも途中経過を省略してよいと思ったら大間違いです。

こうしたやり方がくせになっている子どもは、図や式を書くこと自体面倒くさがるようになるので、早い段階で、途中経過の重要さを分からせる必要があります。

【④ 無駄な書き写し作業】

理科や社会のテキストには、一問一答式や穴埋め形式で、基本的な知識を確認するものがあります。塾の夏期講習や冬期講習で使われることが多いのも、この手のテキストですが、暗記科目の成績が伸び悩んでいる子どもに限って、別の教材から答えを探して書き込むというやり方で、問題に答えています。

別教材に書かれている説明をよく読み、次に聞かれたら必ず答えられるようにするという意気込みで取り組むならまだしも、ただ終わらせればいいという考えでいやいや回答欄を埋めているのを見ると、いい加減にしろと言いたくなります。

一問一答式や穴埋め形式のテキストでは、そこまでひねった出題がされることもありませんから、本来ならば、他の本を調べたりしないで解答できなければなりません。どうしても分からないというのなら、他の本で確認するのも仕方がありませんが、単なる書き写しに終わっては、何の意味もない作業になってしまいます。

答えらしき単語が見つかったら終わり、ではなく、**その単語の説明に当たる前後の文章をよく読んで、記憶に焼き付けるようにします。**その上で、少し時間をおき（できればその日のうち、遅くとも翌日までに）、同じ問題を解いてみて忘れていなかったら、まずは合格。それでも、一度できたぐらいでそれっきりにしてしまうとまた忘れますから、**何度か繰り返しやり直すことが重要**です。

細かいことですが、穴埋め形式の問題の場合、答えだけを隠すことができません。

ここでおすすめなのが、中学生や高校生がよく使っている「**チェックペンセット**」です。これは、暗記すべきところを赤いマーカーで塗りつぶし、上から緑色の透明フィルターをかぶせると、そこだけ見えなくなるというもので、大き目のスーパーや文房具店で売られています。これを使えば、穴埋め形式のテキストに書き込んでしまった場合でも、繰り返しやり直すことができますから、試してみて下さい。

ところで、書き写し作業が無駄だというのは、算数や国語の訂正に関しても言えることです。

間違ったところは赤で直しておくように、という塾の先生の言いつけを守るのは結構ですが、**自分が何を間違えたのかも分からないまま正解を写しても、これまた単なる時間の無駄遣い**。そんなことをするくらいなら、遊びに行った方がましです。

算数であれば、正解の式や図が何を表しているのか、国語であれば、本文を読み直し、自分が何を読み違えていたのかを考えなければ、全く意味がありません。

さらに、算数の場合、正解を熟読して理解したつもりになっていても、いざ自分で解くとなると分からなくなるということがありますから、社会や理科同様、しばらく経ってから同じ問題にチャレンジすることをおすすめします。

4、受験産業の食い物にされないために

銭ゲバ業者の見分け方

家庭教師会社は、同じ受験業者である塾に比べ、当たり外れが激しいと言えます。

当たり外れと言うのは、「親身さ」の度合いの違いと言いかえることもできますが、過剰な利益追求に走っている会社に当たってしまうと、第一章のエピソード9で登場したO戸の

ような営業担当者がやって来て、搾り取られるだけ搾り取られて終わるということになりかねません。

十社以上の家庭教師会社を見てきた経験から言って、O戸のような「ぼったくり系」営業担当者がいる家庭教師会社の多くは、**会社そのものに「ぼったくり」の体質があります。**押し売りや詐欺まがいの営業テクニックを使う営業担当者がいるのは、会社がそれを奨励しているためであって、営業担当者が個人の判断で「ぼったくり」に走るというケースは、あまり考えられないのです。

家庭教師会社も営利企業である以上、契約を増やし、収益を上げる方向で動くのは当たり前、引っかかる方が悪いという声もあるでしょう。しかし、数ある家庭教師会社の中には、中学受験家庭の出費を最低限におさえつつ、成績アップの手助けをするという理念で動いているところもあり、不当な方法で暴利をむさぼることは、決して正当化できません。

ここで、家庭教師会社の銭ゲバ度を見極めるポイントをご紹介しておきましょう。

【家庭教師会社銭ゲバ度チェック】

■広告やホームページに、授業料に関する説明がない。もしくは、広告やホームページに載

っている金額をはるかに上回る授業料のコースを営業担当者がすすめてくる

□月謝制でなく、一括での授業料納入を求めてくる

□やたらと営業担当者の愛想が良く、話し方は教育者というよりセールスマンに近い

□「他のお子さんはみんなこれくらいやっている」「もっと指導時間を増やさないと間に合わない」など、不安をあおるような言葉で、契約や指導時間の増加を迫ってくる

□「どうしても合格してもらいたいんです」「おたくの○○君みたいな子どもにこそがんばってもらいたい」など、他の顧客に比べ、格別の思い入れがあるかのような発言をする

□三人以上の家庭教師をつけるようすすめてくる

□受験本番まで半年を切っていないのに、一人の家庭教師が一週間で三回以上教えに来るような授業の組み方をする

■いつの間にか、当初は週一回のはずだった授業が週二回に、九十分のはずだった授業が二時間になる方向で話が動いており、断れない雰囲気がある

□教材販売と家庭教師派遣が抱き合わせになっている

□CMや折り込み広告を頻繁に見かける

□都心の一等地に大規模なオフィスを構えている。もしくは、電話をするといつも違う人間

が出るほど職員の数が多い

以上は、「銭ゲバ系」の家庭教師会社によく見られる特徴をまとめたものですが、■マークのついた二つの項目のいずれかに当てはまってる家庭教師会社は、それだけで、「銭ゲバ業者」と認定することができます。

授業料や契約内容に関する情報を明示していない会社は、後ろめたいことがあるからこそそうしているのであって、その時点で信用するだけの価値がありません。また、どんなに授業の追加が必要な場合であっても、追加するしないの最終判断は各家庭に委ねられるべきで、それをしないというのは、もはや完全な悪徳商法です。

よく分からないまま営業担当者の言うことを聞いているうち、完全なカモにされるのがオチですから、早いうちに手を切った方が賢明でしょう。

最後の二項目については、少し説明が必要かも知れません。

大々的なＣＭや広告を打っていたり、一等地のオフィスで何人もの職員を雇用しているような会社は、それだけで、かなりのコストがかかっています。そうなると、営業担当者には、コスト回収という目的も兼ねてノルマが課され、会社全体に、「契約取ってなんぼ」「指導時間増やしてなんぼ」という気風がみなぎってしまうわけです。

また、この手の会社には、「広報」や「営業」にばかり力を入れて、肝心の「教務」[10]をおろそかにしているところが多く、入会した後、勉強の進め方や家庭教師との相性について相談しても、その場しのぎの的外れな答えしか返ってこなかったという話を、しばしば耳にすることがあります。

優良業者を見分けるのはなかなか難しいことですが、泣きを見ないために、契約前の段階で、十二分に注意をはらうようにして下さい。

ぼったくり撃退マニュアル

それでは、こうした銭ゲバ業者を撃退するには、どうすればいいのでしょうか？

契約前の段階であれば、しつこい電話攻勢には着信拒否をする、家庭訪問を受けても家に上げないなどの対策が有効です。

しかし、一度契約を交わした後で銭ゲバ業者を撃退するのは、それほど簡単なことではありません。特に、派遣されてきた家庭教師そのものには不満がないという場合、親の方も、営業担当者との関係を良好に保とうとするため、むげに営業トークをはねつけることもできず、何となく話を聞いているうち、予算外の出費を余儀なくされてしまうようです。
ここで、営業担当者との二つの交渉例をご紹介しましょう。
一つ目は、営業担当者に主導権を握られ、あれよあれよという間に授業料をしぼり取られてしまうパターンです。

【ダメ交渉例】

営業「ラストスパートで、授業を週五回に増やしませんか？」
親「五回ですか？　今のまま週三回で行こうかと思ってたんですけど……」
営業「甘いですよ。中には、一日で二人の家庭教師が来ているご家庭だってあるんですから。正直、今のままだと受験本番に間に合わないと思います」

10　それぞれの生徒の学習状況の把握、派遣する家庭教師と子どもの相性への気配り、最新の中学受験動向のチェックなどを主な仕事とする。会社によって、営業部と教務部が完全に分かれている場合と、一人の職員が営業と教務の両方をこなす場合とがある。以前登録していた某家庭教師会社では、実質的に「教務」の仕事をしている職員が一人もいないにもかかわらず、家庭からの相談やクレーム電話があった時だけ、電話に出た職員が教務のふりをして話していた。

親「うちの子、そんなに遅れてるんですか?」
営業「そうですね……楽観はできない状況です。苦手教科の克服が思うように進んでいませんし、今ぐらいの時期からラストスパートで猛勉強を始める子どもも少なくありませんから、今まで通りのやり方では、非常に不安です」
親「……ふつう、週何時間ぐらい家庭教師の先生にいらしていただいたら、成績が上がるんですか?」
営業「何時間やれば確実に成績が上がるということは言えませんが、みなさん、やっぱり十時間以上はやってますね。特に、ここ数年は中堅校の人気も高まってますから、できる限りのことをやって臨んだって落ちることがあるんです」
親「そうですか……それじゃあ、週五回でお願いしようかしら……」
営業「分かりました。追加分の授業料に関する書類は後日郵送させていただきますので」

こうして後日郵送されてきた書類の金額に驚いても、多くの親は、よほどのことがない限り、「高過ぎるからやはり授業追加をやめたい」とは言い出しません。おそらく、「金額を見て前言を撤回するのは恥ずかしい」という意識が働くのでしょう。もちろん、営業担当者は、このことを十分に見越しています。

次に、営業担当者の言いなりにならずにすむような理想的交渉パターンをご紹介したいと思います。

【理想的交渉例】

営業「ラストスパートで、授業を週五回に増やしませんか?」

親「五回ですか?　今のまま週三回で行こうかと思ってたんですけど……」

営業「甘いですよ。中には、一日で二人の家庭教師が来ているご家庭だってあるんですから。正直、今のままだと受験本番に間に合わないと思います」

親「うーん、そうですねえ……お金の話で申し訳ないけど、週五回の授業に増やせば、当然お月謝も高くなるわけでしょう?　他のお宅がどうかは知りませんけど、うちは、際限なく中学受験にお金をかけようとは思ってないんですよね。週三回だったら許容範囲だと思って家庭教師をお願いしたつもりだったんですけど」

営業「しかし、現状で、苦手教科の克服が思うように進んでいませんし、今ぐらいの時期からラストスパートで猛勉強を始める子どもも少なくありませんから、今まで通りのやり方では、非常に不安です」

親「そうですか？　主人（妻）に話してみますけど、うちとしては、今のままの週三回で、しっかり家庭での学習時間を取るっていうのが、一番望ましいんですが」

営業「お母さん（お父さん）、中学受験が甘くないってことを、お父さん（お母さん）にもしっかり話して下さい。ここ数年で中堅校の人気も高まってますから、できる限りのことをやって臨んだって落ちることがあるんです。僕は、どうしても息子さん（お嬢さん）に合格してほしいんです」

親「そこまで心配していただいて、ありがとうございます。ただ、いずれにしても、私からははっきりしたお返事ができないので、追加授業の時間数やお月謝に関する書類をいただけます？　それを見て、主人（妻）と検討させていただきますから」

営業「……分かりました」

これら二つの会話を見比べて分かるように、営業担当者に押し切られて終わる親は、**自分の意思を伝える言葉よりも質問が多く、「教えてもらう」かのような態度で、営業トークを**

聞いてしまっています。さらに、「間に合わない」「不安だ」といった言葉に、いちいち思うつぼの反応をしているのも分かるでしょう。

一方、銭ゲバ業者の餌食《えじき》になるのを免れている親の方は、営業担当者と同じように自分の考えをしっかり話しているだけでなく、**自分から授業料の話を切り出し、金銭的に限界があるということを前面に押し出しています。**

銭ゲバ業者を撃退する上で、授業料の話題に触れることは、重要なポイントの一つです。授業を追加した方がいいのか、どれぐらいの時間を増やすべきなのかということだけを話し合っていると、交渉そのものが「勉強についての相談」のようになってしまい、知らず知らずのうちに、「多くの生徒さんを見てきた経験」のある営業担当者に、交渉の主導権が移ってしまいます。その結果、疑問や反論を投げかけても、「甘い」「中学受験の厳しさが分かっていない」といった言葉で片付けられてしまう事態が起こってくるのです。

これに対し、授業料の話を出してしまえば、営業担当者も「無理をしてでも増やせ」とは言えませんし、交渉全体を、「アドバイスを受ける親」ではなく「対価を支払ってサービスを受けている客」という立場で進めることができます。

「ケチだと思われたくない」と見栄をはりたくなる気持ちも分かりますが、**ケチな人が必ず**

しも「貧乏」というわけではありません。実際、私が指導にあたった中には、ある技術の特許を取得していることで、ありあまる資産を持っていながら、「教育費の予算は決まっているので、最初の契約以外に授業を増やす気はない」と明言していた家庭がありました。

「授業料が高過ぎる」という言い方が恥ずかしいのであれば、**「中学受験のために際限なく投資をする考えはない」**という表現にすれば、みじめな思いをすることもないのではないでしょうか？

さらに、**その場にいないもう一人の親を持ち出すのも、効果的です。**自分はどちらでもいいのだけれど、夫（妻）が反対するかも知れないと言われれば、さすがの営業担当者でも、それ以上の説得をあきらめるでしょう。

とはいえ、高圧的な態度の営業担当者が相手となると、そうそう強気に出られないというのが現実かも知れません。その場合は、**書面ではっきり意思表示する**に限ります。

直接の面談や電話で営業担当者に押し切られる形になっていても、法律上「取り消せない契約」ではないのですから、ＦＡＸや郵便で、授業追加の意思がないことをはっきり伝えましょう。

それでも強硬な営業攻勢をかけてくるようであれば、相当な悪徳業者ですから、さらなる被害者を出さないためにも、**消費生活センター**[11]**等に足を運ばれることをおすすめします。**

11　消費者保護のため、それぞれの区や市にもうけられている機関。以下のＵＲＬで、もよりのセンターを調べることができる。http://www.kokusen.go.jp/map/index.html。

章末こぼれ話　その3

本書では、主に家庭教師会社の暗黒面に光を当ててきたが、一方で、家庭教師に問題がある場合もある。

家庭教師会社によって、登録時に筆記試験があるところとないところとがあるが、筆記試験では、教え方がうまいかどうかまでは分からないため、あまり当てにならない。また、「有名大学を卒業している先生をつけて下さい」というような依頼をしてくる家庭もあるようだが、高学歴ならば指導力が高いとは限らないので、要注意である。

ここでは参考までに、ダメ家庭教師に多く見られる特徴をピックアップしてみた。九項目中五項目以上当てはまる家庭教師は、かなり危険。

【ダメ家庭教師チェック】

□解説ばかりしていて、子どもに問題を解かせて理解度を確認する作業をしない

□問題を解かせて答え合わせをするばかりで、どこを間違ったか、何が分かっていなかったかの確認や、間違ったところのくわしい解説をしない

□口頭で説明するばかりで、板書しようとしない

□授業時間中に、不必要な雑談が多い

□宿題に関する指示が全くない

□授業終了後、子どもの学習状況について何も説明せず急いで帰る

□子どもが真面目に問題を解いていても、ミスをすると「どうしてこんな問題が分からないんだ」などの暴言を吐く

□やたらと授業時間を延長したり、授業の追加を求めてくる

□自分の学歴や昔の偏差値の自慢をする

おわりに——もう一つの問題

本書は、何かに憑かれたかのような暴走の果てに、莫大な時間とお金を失い、疲れ果てただけという悲劇を避けるため、中学受験をめぐるさまざまな負の側面に、光をあててきました。結局、一番大切なことは、ただやみくもに勉強時間を増やしたり、受験産業に投資するのではなく、子どもの成績の現実を直視し、基礎学力の向上に努めることに他ならないのです。

ところで、中学受験というテーマの周辺には、もう一つの大きな問題が存在しています。それは、教育をめぐる格差の問題とも関係するものなのですが、ここで、本文で触れることのなかったこの問題について、少し書いておきたいと思います。

中学受験をめぐって日々語られる言葉の中には、中高一貫校の「良さ」を強調する一方、公立中学の「悪さ」をあげつらうものが少なくありません。たとえば、その名も『子どもは公立に預けるな!』（ソフトバンク新書、二〇〇八年）という著書の中で、精神科医の和田秀樹氏は、次のように述べています。

特に首都圏の場合、学力のある子どもたちや社会階層の高い家の子どもたちは、ほとんど私立の中高一貫校に進学してしまうので、公立中学は、極端に言うと学力の優秀な子どもや、いわゆる勝ち組の子弟がゴソッと抜けた状態になるわけです。そうすると、「いろんな階層の子どもたち」といっても、公立には、勉強しないことに慣れた子どもたちや、特定の階層の子どもしかほとんど残らないことになるわけですから、これもまた問題ではないでしょうか。（中略）そういうあきらめムードに包まれた、学力の高い子どもがいない集団の中に身を置くことは、周りからの影響ということを考えたら、子どもの成長にとってかなりリスクの高いことだと考えなくてはなりません。

（同書、百三二頁）

子どもを持つ親が、わが子に少しでも良い環境で学んでほしいと願うのは、ごく自然なことです。公立中学の改革を待っている間にも、子どもは大きくなってしまいますから、手遅れになるのを恐れ、とりあえず中学受験を考えるというのも、それはそれで理解できます。

しかし、不特定多数に向けて自分の言葉を発信する人々に、中学受験ができない層に対する配慮が欠けていることは、黙って見過ごすことができません。

言うまでもなく、中学受験にはお金がかかります。塾代、受験料はもとより、合格後の入学金、授業料等が必要である以上、一定以上の所得がない家庭にとっては、中高一貫校への進学そのものが、困難な選択肢でしかないのです。

二〇〇八年の入試で、世帯年収が四百万円に満たない知人の子どもが、めでたく都立の中高一貫校に合格しました。この知人は、大学で非常勤講師をしているものの、夫と離婚しているため母子家庭で、公立の中高一貫校ならば経済的負担が少ないからと、思いきって中学受験することを決めたそうです。ところが、いざ入学してみると、大半の生徒は塾や習い事に通っており、海外での語学研修のために強制的に徴収される積立金もキツく、非常に肩身の狭い思いをしていると言います。

経済的理由から中高一貫校進学の困難な家庭が存在することは、もはや疑いようのない現実です。そうである以上、もしも本当に、公立中学に進むことで将来の可能性が限定されてしまうのなら、先決課題は、具体的かつ実践可能な形で、公立中学の改革案を取りまとめることでしょう。「公立は悪い、だから中学受験をしましょう」という流れは、お金がない層に向かって、将来をあきらめろと言っているのと大差ありません。

過去何年もの間、行政の対応が当てになったことなどないのだから、今さら公立中学の改革を求める気になれないというのは、一理あると思います。しかし、だからと言って、公立を避けて中高一貫校へという現在の動きは、結局、格差の拡大にしかつながらないのです。

一定の世代より上で、教育問題に意識的な人々の中には、ニートやフリーター、低所得階層というものに対し、強い差別意識を持っている人もおり、しばしば「自業自得でそうなった層にいちいち配慮してやる必要はない」という意見を聞かされることがあります。おいおい、その責任の一端はおたくらにもあるんじゃないの？　と言いたくなりますが、仮に全ての低所得者が自己責任でそうなっているのだとしても、経済的理由から子どもの教育の機会が限定され、次の世代に貧困が再生産されることは、決して正当化できないはずです。

一方で、子どもの将来の幸せというものが、いまだに学歴や勉強を中心にしてしか描かれないでいることも、一つの問題と言えます。

第二章で書いた通り、中学受験の現場には、学歴至上主義やエリート崇拝の亡霊が息づいており、「いい学校」に進むことが幸福へのパスポートであるかのような価値観が、いまだに機能しています。

しかし、現実に、有名中学、有名大学に進学できる人数は限られていますし、エリートは数少ない存在であるからこそ「エリート」なのです。相対的に見れば、それほど有名でない中学、高校、大学を経て、ご縁があって採用された会社のサラリーマンとして生きていくことになる子どもの方が圧倒的に多いはずなのに、どうして、学歴や立身出世ばかりを幸福と結び付けようとするのでしょうか？

誤解がないように書いておきますが、私は、憧れの学校や職業を目指すことを否定しているわけではありません。また、「がんばったところでたかが知れている」というニヒリズムを決め込むつもりも、全くありません。さらに言えば、学歴や出世というものが、「幸福」に大きく作用することがあるということも、承知しています。

それでは何が問題なのかと言えば、それは、一面的な価値観に基づく「幸福」のイメージに取り憑かれた親の暴走によって、「いい学校」に合格し、「エリート」にならないとどうにもならないかのような危機感が、子どもに植え付けられてしまうことです。こうした危機感が内面化されると、子どもはそれ以外の幸せのイメージを持つことができず、中学受験が失敗に終わった時、全てを失ったかのような絶望感や自己否定の感覚を抱えこむことになります。

子どもをより良い環境で学ばせることが親の愛だと信じるのもいいでしょう。

しかし、「いい学校」に入り「エリート」になるという「幸福」が、数ある幸福の一つに過ぎないということを忘れてしまうと、子どもを狭い視野の中に囲い込み、柔軟性や適応力を奪う結果になりかねません。

「凡人」にしかなれないわが子を温かく見守るのも、親の愛情。

合格できたらもうけもの、そうでなくても人間として可能性が閉ざされるわけではないということを、もっと親自身が示し、子どもに多様な幸福のイメージを伝えていく必要があるのではないでしょうか?

中学受験現場の親たちの間にうずまく危機感の背景には、社会の構造から必ず出現する「あまりぱっとしない人々」を、決して肯定的に語ろうとしない昨今の風潮もあるのでしょうが、たとえば高卒フリーターで多くの友人に慕われ、なぜか異性から絶え間なくモテるというような人物像を肯定することに、どれほどの不都合があるのかという問いかけをもって、本書を結びたいと思います。

あとがき

まずは、ここまでお付き合い下さったことに、心からの感謝を申し上げたい。

本書が、中学受験をめぐる迷いや困惑を少しでも解消することができたならば、あるいは中学受験という問題そのものに意識を向けるきっかけを与えることができたならば、筆者の目論見《もくろみ》は、とりあえず成功したことになる。

本書を執筆するにあたって、筆者に全くためらいがなかったわけではなかった。

何より、様々な負の側面を持った中学受験産業から、筆者自身が生活の糧《かて》を得ていたことは事実であるし、鬼気《きき》迫《せま》る暴走をくり広げるツカレ親を目の当たりにしながら、筆者が有効な「ストッパー」となりえなかったこともまた、事実だからだ。

この点についての批判は、甘んじて受けなければならないだろうが、そうしたためらい以上に、これまであまりに知らされてこなかった中学受験をめぐる負の現実を伝えたいという思いが強かったのは、確かである。

今まさに受験本番へ向けた対策中であったり、お子さんの中学受験を考えているという読者に、本書の表現や内容が不快感を与えることがあったとしたら、どうかご容赦いただきたい。特に、子どもの能力の限界に関するくだりは、いささか突き放したような印象を与えたかも知れない。弁明が許されるなら、能力の限界ぐらいで人が不幸になるものではないからこそ、筆者がこの点に言及したのだということを強調させてほしい。

本書は、長年の家庭教師仲間である、Y・W嬢、Y・T嬢、K・N嬢、H・A嬢、K・A夫人、H・H氏、T・T氏の協力と情報提供によるところが大きい。謹んで御礼を申し上げる。

最後に、光文社新書編集部の三宅貴久氏に、無限大の感謝を申し上げたい。氏の協力なくして、本書が形になることはなかっただろう。

二〇〇八年　晩秋

瀬川松子

瀬川松子（せがわまつこ）

東京生まれ。お茶の水女子大学大学院博士後期課程に在籍中（専門は、社会学ではない）。'90年代より、四谷大塚系列の塾で中学受験生を指導。その後、複数の家庭教師会社に登録し、多くの中学受験家庭に派遣されるが、過剰な利益追求への疑問から、現在は個人で活動している。尊敬する人は、正岡子規。

中学受験《ちゅうがくじゅけん》の失敗学《しっぱいがく》　志望校全滅《しぼうこうぜんめつ》には理由《わけ》がある

2008年11月20日初版1刷発行

著　者 ── 瀬川松子
発行者 ── 古谷俊勝
装　幀 ── アラン・チャン
印刷所 ── 堀内印刷
製本所 ── 明泉堂製本
発行所 ── 株式会社光文社
東京都文京区音羽1-16-6（〒112-8011）
http://www.kobunsha.com/
電　話 ── 編集部03(5395)8289　販売部03(5395)8114
業務部03(5395)8125
メール ── sinsyo@kobunsha.com

　ISBN 978-4-334-03482-5

322
高学歴ワーキングプア
「フリーター生産工場」としての大学院
水月昭道
いま大学院博士課程修了者が究極の就職難にあえいでいる。優れた頭脳やスキルをもつ彼らが、なぜフリーターにならざるを得ないのか？ その構造的な問題を当事者自ら解説。

328
非属の才能
山田玲司
群れない、属さない――「みんなと同じ」が求められるこの国で、「みんなと違う」自分らしい人生を送るためのコツを紹介する。行列に並ぶより、行列に並ばせてやろうじゃないか。

331
合コンの社会学
北村文　阿部真大
私達が求めるのは「理想の相手」か？ それとも「運命の物語」か？ 誰もが知りながら、問うことのなかった「合コン」という〝社会制度〟を、新進気鋭の研究者が解き明かす！

340
実は悲惨な公務員
山本直治
グータラなくせにクビがない税金泥棒！――激しいバッシングを受けて、意気消沈する公務員たち。官から民に転職した著者が、「お気楽天国」の虚像と実像を徹底レポート。

354
崖っぷち高齢独身者
30代・40代の結婚活動入門
樋口康彦
人づきあいの苦手な人、〝運命の出会い〟を信じる人こそ結婚活動を始めて前向きに生きてみよう。お見合いパーティ（114回）と結婚相談所（68人）を知り尽くした著者が贈る金言集。

358
「生きづらさ」について
貧困、アイデンティティ、ナショナリズム
雨宮処凛　萱野稔人
多くの人が「生きづらさ」をかかえて生きている。これは現代に特有のものなのか？ 不安定な労働や貧困、人間関係や心の病など、「生きづらさ」を生き抜くヒントを探っていく。

362
「まだ結婚しないの？」に答える理論武装
伊田広行
今日からは言い返す――結婚圧力にさらされている〝適齢期〟〝負け犬〟の女性たちに捧げる反撃の書。無言、苦笑い（愛想笑い）で受け答えてきた「昨日までの自分」にさようなら。

光文社新書

166
オニババ化する女たち
女性の身体性を取り戻す
三砂ちづる
行き場を失ったエネルギーが男も女も不幸にする⁉ 女性保健の分野で活躍する著者が、軽視される性や生殖、出産の経験の重要性を説き、身体の声に耳を傾けた生き方を提案する。

221
下流社会
新たな階層集団の出現
三浦展
「いつかはクラウン」から「毎日百円ショップ」の時代へ――。もはや「中流」ではなく「下流」化している若い世代の価値観、生活、消費を豊富なデータから分析。階層問題初の消費社会論。

316
下流社会　第2章
なぜ男は女に〝負けた〟のか
三浦展
全国1万人調査でわかった！「正社員になりたいわけじゃない」「妻に望む年収は500万円」「ハケン一人暮らしは〝三重楽〟」。男女間の意識ギャップは、下流社会をどこに導くのか？

237
「ニート」って言うな！
本田由紀　内藤朝雄
後藤和智
その急増が国を揺るがす大問題のように報じられる「ニート」。日本でのニート問題の論じられ方に疑問を持つ三人が、各々の立場からニート論が覆い隠す真の問題点を明らかにする。

359
人が壊れてゆく職場
自分を守るために何が必要か
笹山尚人
賃金カット、いじめ、パワハラ、解雇、社長の気まぐれetc.弁護士が見聞した、現代の労働現場の驚くべき実態。「こんな社会」で生きるために、何が必要か。その実践的ヒント。

360
2階で子どもを走らせるなっ！
近隣トラブルは「感情公害」
橋本典久
子どもの足音も公園の噴水で遊ぶ声も騒音となる時代――。近隣トラブルはなぜ激増しているのか？　キレる隣人には、どう対応すべきか？　平穏な暮らしを取り戻すための処方箋。

367
子どもの最貧国・日本
学力・心身・社会におよぶ諸影響
山野良一
7人に1人の児童が困窮し、ひとり親家庭はOECDで最貧困。日本は米国と並び最低水準の福祉だ。日米での児童福祉の現場経験をふまえ、理論・統計も使い、多角的に実態に迫る。

217
名門高校人脈
鈴木隆祐
日本全国から歴史と伝統、高い進学実績を誇る名門約三〇〇校を厳選。校風、輩出した著名人約一七〇〇人を取り上げ、その高校の魅力と実力を探っていく。

222
わかったつもり
読解力がつかない本当の原因
西林克彦
文章を一読して「わかった」と思っていても、よく検討してみると、「わかったつもり」に過ぎないことが多い。「わからない」より重大なこの問題をどう克服するか、そのカギを説いていく。

233
不勉強が身にしみる
学力・思考力・社会力とは何か
長山靖生
学力低下が叫ばれる中、今本当に勉強が必要なのは、大人の方なのではないか――国語・倫理・歴史・自然科学など広い分野にわたって、「そもそもなぜ勉強するのか」を考え直す。

291
なぜ勉強させるのか？
教育再生を根本から考える
諏訪哲二
学ぶ姿勢のない生徒。わが子の成績だけにこだわる親――教育再生のポイントは、学力以前の諸問題を見据えることだ。「プロ教師の会」代表が、教職四十年で培った究極の勉強論。

318
最高学府はバカだらけ
全入時代の大学「崖っぷち」事情
石渡嶺司
日本の大学生はみんなバカで、大学はどこかアホっぽい――定員割れ続出の「全入時代」に生き残る大学はどこ？　大学業界の最新「裏」事情と各大学の生き残り戦略を紹介する。

330
学歴社会の法則
教育を経済学から見直す
荒井一博
「なぜ大卒の給料は高卒の1・5倍なのか？」「働く母と専業主婦のどちらが子どもの学歴を高めるか？」など、ユニークな調査と教育経済学の理論で、受験社会のしくみを読み解く。

332
アメリカ下層教育現場
林壮一
恩師の頼みで高校の教壇に立つことになった著者は、貧困のなか崩壊家庭に暮らす無気力な子供たちに衝撃を受けるが……。子を持つ親、教育関係者必読のノンフィクション。